TYPES

ADMINISTRATIFS

PAR

A. DE CATALAN

ANCIEN CHEF DIVISIONNAIRE
DES CONTRIBUTIONS INDIRECTES

Illustrations de G. COUTAN

LES INDIRECTS

TYPES ADMINISTRATIFS

8°2 Le Jaune 3/82

TYPE ADMINIST.

POITIERS. — TYPOGRAPHIE OUDIN.

LES INDIRECTS

TYPES
ADMINISTRATIFS

PAR

A. DE CATALAN

ANCIEN CHEF DIVISIONNAIRE DES CONTRIBUTIONS
INDIRECTES

POITIERS

LIBRAIRIE ADMINISTRATIVE P. OUDIN

4, RUE DE L'ÉPERON, 4

—

1887

A MONSIEUR DESDEVISES

DIRECTEUR DES CONTRIBUTIONS INDIRECTES DE LA SEINE

MON EXCELLENT AMI

MODESTE HOMMAGE DE LA PLUS CORDIALE SYMPATHIE

A. DE CATALAN.

Effleurer l'épiderme est toute ma devise.
Parmi vous, gens du fisc, s'il en est que je vise,
Nul ici n'est nommé. Qui se reconnaîtra,
Certes ne dira mot et peut-être en rira.

(NOTE DE L'AUTEUR.)

Vieux habits ! vieux galons !

P. 9.

VIEUX HABITS! VIEUX GALONS!

Il l'aima et elle lui fut infidèle! Et son cœur saignait. Des larmes amères coulaient de ses yeux.

Vieux habits! Vieux galons!

Et ce cri retentissait toujours vibrant et chevrotant. Et le pauvre homme qui le répétait par saccades attristées, marchait courbé sous le faix trop lourd pour ses épaules, le front dénudé, les tempes blanchies par les longs hivers de sa vie désolée et chancelante.

Elle était simple en sa démarche, celle qu'il aimait. Sa robe de pure serge faisait ressortir une taille bien prise. Ses cheveux abondants, roulés en chignon sous son bonnet de linge, ses mains fortes, le buste large, le pied preste et cambré attestaient la nature robuste que développe la vie des champs.

1*

C'était la Régie aux épaules plantureuses, le rire aux lèvres, le teint hâlé, avivé au grand air, riche de son appétit frugal, simple dans ses mœurs primitives ; parfois rebutée, toujours ferme et sur la défensive, au ton résolu ; croquant sous ses dents blanches le pain bis du métier, la Régie était bonne fille.

Née du peuple, elle en avait les instincts, le cœur franc, l'allure libre ; et elle allait par monts et par vaux, par la tourmente et les rafales et la brise parfumée des soirs sereins, à cheval ou à pied, s'embusquant au détour d'une haie pour surprendre le hardi fraudeur ; dînant au coin d'un bois, à l'ombre d'un châtaignier, tard et matin toujours debout ; devisant à la ferme, au cabaret et, mêlée aux propos du crû, s'attablant ici et là sans embarras, mais sans insistance ; discrète, alerte, serviable, dévouée corps et âme aux intérêts de l'Etat, elle veillait, comme elle le fait aujourd'hui, sur les parcelles du Trésor public plus et mieux que sur son mince pécule, faible prix d'un labeur sans fin, ingrat et décrié.

Puis sa jeunesse s'efface, et vient l'âge mûr. La

Régie, toujours vivace, voit sa taille grossir, ses traits s'accentuer. Elle est belle encore et féconde en ses dons, mais les révolutions qui l'ont mûrie et ont changé jusqu'à son nom, l'ont rendue plus fiscale, sinon plus aimable. La démocratie, ce flot qui bouillonne, a rêvé des horizons plus larges et secoué rudement les attributs de la fille du peuple, comme si elle n'était pas en droit de revendiquer sa part de la prospérité du pays, l'humble accusée qui trouve à peine un défenseur à cette heure où son existence même est en péril.

Et l'homme déçu s'en allait répétant :

« La répression se lasse, elle disparaît pendant que la fraude s'affirme et devient plus intense. Les serviteurs du fisc n'ont plus cette verdeur, ce diable au corps qui les rattachait à la vieille Régie.

« Efféminés, les parvenus, ces Inspecteurs à trente-cinq ans ; incompris, les Commis au col cassé, à la moustache en croc, qui remplissent les directions de leur suffisance creuse et des parfums de leur chevelure à poils ras ; déclassés, les agents d'exercice gantés, chapeau haut-de-forme, veston boudiné, forts ès-billards, dissimulant leurs insignes comme friperie dont ils rougissent.... »

*
* *

Aigres étaient ses paroles, et ses plaintes injustes. Et le vieillard marchait, marchait toujours, le pas pesant, le cœur gonflé d'amertume.

Tout à coup il entendit une voix intérieure qui disait :

— Que la Régie ait vieilli, que sa robe ait déteint et que ses cheveux grisonnent, pour qu'elle ait perdu cette insouciance de la jeunesse, cette exubérance de l'âge, ta maîtresse des anciens jours, ô crieur de mauvais augure, a encore pour ses fidèles des attraits qu'ils recherchent, des sourires qu'ils provoquent ; et si sa main mesure ses largesses, c'est que les temps sont durs et que la vie est lourde pour tous.

L'as-tu vue, dans ces heures sinistres où la patrie était haletante sous ses revers ? l'as-tu vue se plier, ramper sous les balles et se glisser vers les sources de l'impôt taries par l'invasion, pour y puiser la

goutte d'eau qui étanchait faiblement mais si géné-
reusement la soif du Trésor épuisé ?

Te rappelles-tu ces dévouements inconnus : ce
Commis aux prises avec l'ennemi, bravant ses me-
naces et cachant sous les décombres, dans des caves
à demi comblées, les bribes du fisc, recueillies dans
l'ombre, qu'il venait déposer religieusement, au
péril de ses jours, dans la caisse publique, hélas !
en fuite aussi, comme nos armées, comme nos
femmes éplorées, comme nos enfants effarés ? ce
Receveur donnant asile à une horde déchaînée, asile
arraché par la violence, installant ses hôtes farou-
ches sur un lit de paille autour du poêle, après les
avoir repus de la victuaille du logis moins choisie
qu'abondante, et s'asseyant froidement à son bureau
pour achever ses écritures trimestrielles ? ce digne
comptable, sa caisse soigneusement à l'abri, passant la nuit côte à côte avec les intrus qui obstruent
sa demeure, et ne se levant que pour aller tran-
quilliser sa femme qui s'était réfugiée, tremblante,
dans une chambre voisine, auprès de son enfant, et
priait ardemment, la poitrine soulevée par les san-
glots ? cet homme, ce noble défenseur de l'impôt,

qui, le lendemain, à travers les rangs ennemis, apportait à son Directeur 20,000 fr., montant de son versement; son Directeur, un brave aussi, lui, qui n'avait pas déserté son poste et soutenait, par son exemple, le courage des siens?

Un mot l'avait sauvé, le digne Receveur : « Avoué! » avait dit, dans sa langue barbare, un homme de la troupe. Pris pour un avoué et grâce à son sang-froid, le comptable avait pu se remettre à son travail pendant que les Allemands ronflaient à poings fermés (1).

Qui pourrait oublier cet héroïque dévouement?

Que de dangers, d'obstacles surmontés!

Et quand la paix vint rendre le calme à l'impôt, ne t'es-tu pas mêlé, ô toi, le désillusionné, à ces cordiales agapes que l'on ne trouve que chez elle, la Régie? à ces réunions si expansives où la camaraderie redit ses prouesses, ses ruses de guerre pour déjouer la fraude; et aussi ses amours fortuites et discrètes, les petits scandales privés apaisés, sans procès, *inter pocula*; la trinquée au *Pardon*, le bal au *Parquet?*

(1) Historique.

Dis, n'as-tu pas pris ta part des joies et des douceurs communes? des heures de repos que laisse le service après *l'ordre*, des séances au cercle et au café, des rires bruyants et du bien que l'agent, si petit qu'il soit, peut faire encore dans la mesure de ses fonctions sans compromission ni faveur?

Oh! cesse tes plaintives jérémiades et étouffe tes sarcasmes, crieur des mauvais jours; la Régie va s'éteindre, la Régie renaît forte et triomphante. Qu'elle se recrute avec soin. Qu'elle s'inspire des réformes que la science et l'esprit moderne lui dictent, et sa vie reprendra un nouvel essor.

L'impôt est un fait permanent, nécessaire. Nulle théorie sociale ne peut l'abattre. Soyons fiscaux résolument, sans faiblesse, mais sans rigueur, si ce n'est envers le fraudeur avéré et incorrigible.

Et la voix intérieure s'animait.

C'était la Régie encourageant sa lignée, la Régie telle qu'elle était autrefois, puissante et respectée sous l'impulsion des grands chefs qui l'ont honorée, la vieille Régie rajeunie, vigilante et confiante en ses destinées! Puis la voix se faisait plus légère et plus douce.

On eût dit un regain des printemps passés ; il semblait, dans la brise fugitive, que l'on entendait comme l'écho d'un refrain chanté naguère :

> L'aube, jeune et rieuse,
> Teint de roses vapeurs et de clarté poudreuse
> Les coteaux du lointain.
> La belle a soulevé sa tête paresseuse,
> Et sourit au matin.

Peu à peu l'homme au cri chevrotant s'était éloigné, secoué par ces accents qu'il avait aimés, et de ses lèvres murmurantes ne s'exhalait plus, comme un souffle dans l'espace, qu'un son confus où s'éteignaient les mots fatidiques :

Vieux habits! Vieux galons!

24 novembre 1886.

TYPES ADMINISTRATIFS

❖ ❖

Papillon vole !

P. 19.

L'ASPIRANT SURNUMÉRAIRE

Il était gros et gras et grand. — Singulière dis-
onance ! Qu'on me passe ces petites licences pour
'animation de mes croquis et aussi pour me
mettre plus à l'aise. M'est avis que la diversion et
a digression sont le sel du style. — Lire *Tris-
ram Shandy*, roman anglais de Sterne, très mo-
al, leste peut-être, mais moral, qui fourmille de
digressions...

Blondin, des petits yeux riants, la bouche pin-
cée, parlant entre ses dents, zézayant, sautillant
en marchant, toujours affairé, pressé, frileux et
grand fumeur de cigarettes. Il aspirait...

L'Aspirant est multiple. J'en ai connu des
petits, des longs et des timides, des naturels
d'*Egletons* (Corrèze), des Auvergnats et des Bugis-
tes, des revêches et des moutons de *Sologne*.

Celui-là était *Percheron*, et il aspirait..... A
quoi ? — Plus tard, m'a-t-on dit, il a été Receveur
je ne sais où. — Puis une ophtalmie..... quelque

ophtalmie prise à l'estaminet, l'a fait échouer e
serre-file dans une section de Commis à pied. J
connais bien la ville où il exerce, mais je ne
dirai pas, car il faut de la discrétion, en tant qu
personnalités; autrement soyons *sic*. Tiens,
mot est à faire : *sic* pour authentique. On a bie
dit *Pschutt* et *Vlan* pour *gommeux*, aujourd'hu
l'on est *Bécarre*, le *chic* s'efface.

Le Percheron était pouponné par une bonn
mère qui lui apportait des tablettes de jujube pen
dant les heures de bureau; que dis-je? pendan
l'heure de la matinée qu'il consacrait au bureau
On se lève tard chez maman, puis on est enrhumé
souvent c'est une fluxion qui vous défigure
L'ouvrage presse. Comment sortir embéguiné? E
le chef se met au 102, voire au 104, cet imbrogli
où l'imagination de maints faiseurs, au gran
centre, là-haut, près du soleil, a accumulé l
statistique et la synoptique et toute la scienc
mathématique. « C'est un *tic*, disait un malin d
sous-direction, un tic *qu'ils ont* d'enchevêtrer tou
et de compliquer à plaisir. » *Ils ont* est un plurie
générique qui veut dire : l'Administration a cett
manie, la Direction a ce travers. « Ils ont » n
s'adresse à personne, et tout le monde sait à qu

il s'applique. Le service du fisc a comme cela son dialecte à lui.

Mais notre Aspirant?

Que voulez-vous que l'on exige d'un Aspirant? Il est là, à l'état provisoire, en simple amateur. Le mieux que vous puissiez en tirer, c'est de lui faire décharger des acquits-à-caution. Mais ce qu'il préfère, ce sont les commissions. Oh ! les commissions! le grand air! une causette par-ci, une cigarette par-là, deux, trois cigarettes. La poste est encombrée. On ne revient pas. Bast! « J'ai le temps de faire une partie de billard. » Et les paquets, ces nombreux bulletins 6 A et 6 C, tous ces plis que l'on a préparés sans hâte et fermés à loisir, remettant au lendemain une liasse dissimulée dans un casier, prétexte à sortie ; des bandes à remplir d'adresses, le poêle à bourrer, le feu à tisonner, un clou à déplacer, à remettre, des archives à remuer, étiqueter, ficeler...

Je vous le dis, l'Aspirant n'y suffirait pas, si le Commis ne se prêtait à la tâche :—le Commis, nous en parlerons.

L'Aspirant surnuméraire a bien mérité du chef, *il va passer*. — Encore une locution consacrée : *il passe,* — et le surnumérariat, ce titre envié qui

flamboie en grosses lettres sur sa commission par-
cheminée, met le comble aux vœux de l'Aspirant.

« *Surnuméraire!* » s'écrie le Percheron. —
Sans numéraire, hélas! Mais la maman met le rôt
à la broche, et la famille s'exclame. Le premier
échelon est franchi. On pourrait dire l'avant-pre-
mier échelon. — Va, mon enfant, que le ciel te
protège, — le ciel administratif!

La maman pleure de joie et la Régie immatricule
réglementairement le conscrit. Dans deux ou trois
ans elle avisera à l'appointer, si les ressources budgétaires... les vacances d'emploi... Mais qu'importe? L'Aspirant n'est plus : le Surnuméraire va
paraître.

La coque est brisée. Vole, papillon !

Sauvage !...

LE SURNUMÉRAIRE

DE DIRECTION

Comme le verbe, le Surnuméraire a deux mo-
: *l'actif* et le *passif*.

Passif. (Bescherelle.) — Qui ne fait rien de
propre mouvement; qui exécute sans examen
qu'on lui ordonne, ce dont on le charge.

Celui-là est le Surnuméraire de direction.

J'ai connu un Surnuméraire de ce mode qui,
fait des *lettres* et qui s'amusait à corriger les
tournures vicieuses des procès-verbaux, voire les
formules techniques de ces actes, et à orner de
pronoms personnels les temps écourtés des verbes :
avons procédé; sommé de nous représenter, et
ti quanti, dans les copies qu'il en faisait. —
Mauvais soldat ! eût dit Dupuis dans la *Grande-*
duchesse. Mauvais Surnuméraire !

Le Surnuméraire de direction est de la maison,

au sens privé du mot. Il trace la besogne à l'A
rant, partage les courses, se réservant le côté j
din et laissant au sous-ordre le côté cour. — M
il a son rôle intime. — Le Directeur en fait
secrétaire particulier, et lui a assigné une pl
dans son cabinet. Il copie les notes personnel
les *feuilles signalétiques*, ces verdicts somma
que l'on redoute tant, qui disent si peu et dont
tire ce que l'on veut, lesquelles feuilles décid
du sort de l'employé qui n'en peut mais. Le Sur
méraire de direction, discret par état, empre
poli par éducation, est le favori du chef et, :
titre, il a l'honneur d'être invité de temps à au
à sa table, ce qui lui donne quelques privauté

Un trait va vous le dépeindre.

Miette est la bonne du logis, cuisinière et s
brette, mi-égrillade, réservée par ordre. N
sommes en Périgord. Ce nom de Miette est du p
— on prononce Mi-ette. Prétendre que le je
privilégié : — vingt ans au plus... — oh ! le l
temps ! avons-nous tous dit... — prétendre qu
discrétion est telle qu'il n'ait osé conter fleure
Miette serait trop s'avancer. Comment il s
qu'un matin le Surnuméraire se trouvait au
din bien avant l'heure du bureau ? Question

courrier à expédier sans doute, ou d'une copie ajournée que l'on devait reprendre à la première heure. Toujours est-il qu'ils étaient là tous deux, Miette et lui, jouant à travers les poiriers et foulant les plates-bandes, sans souci d'un vieux jardinier qui n'était guère à sa tâche que vers le midi.

Or, il s'agissait d'un jeu périlleux. Le jeune homme avait soulevé sur ses bras la fillette et la balançait au-dessus d'un bassin rempli d'une eau verdâtre où coassait d'aise toute une couvée de rainettes.

Et Miette avait des petits cris étouffés et de rires, et tous deux se démenaient... tant et si bien qu'un faux mouvement... plaf! la belle disparut dans la mare épaisse, à croûte verte, en jetant un dernier cri perçant, strident. Le Directeur, en ce moment, apparaissait au bout du jardin; il avait entendu le cri de détresse et accourait.

« Sauvée! » s'écria l'intrépide Surnuméraire à la vue de son Directeur en émoi, et en déposant sur l'herbe son précieux fardeau. L'imprudent, pour racheter sa faute, s'était bravement jeté dans le bassin et avait retiré Miette ruisselante d'écume, verte comme émeraude, et à demi pâmée dans ses bras.

1**

Grande fut la reconnaissance du Directeur
Depuis ce jour, la porte fut ouverte à toute heur
au secrétaire intime, et souvent son couvert étai
mis à la table du maître, un digne homme qu
vivait seul, veuf et sans enfant, soigné ave
dévouement par sa bonne ménagère.

On m'a assuré que la brave fille avait beaucouḍ
pardonné au jeune étourdi, parce qu'il était reste
muet sur l'incident, auquel il sut fort habilement
donner aux yeux de son Directeur la tournure
d'un sauvetage.

En tant que Surnuméraire, le sauveteur a eu de
l'avancement au choix... sur place.

— Il n'est si petite influence!... pensa Miette.

Comme agent passif, avons-nous dit, — sédentaire, est-ce bien le mot? pour lui, si affairé, s:
peu en place, — le Surnuméraire de direction es
le Michel-Morin des bureaux. Il n'est pas de service auquel il ne prenne part sans y être astrein
spécialement. On le met à la comptabilité, à l'enregistrement de la correspondance, au contentieux. Le tri des acquits est dans son lot et leur
décharge aux relevés n° 7, ces feuilles analytique
tant de fois maniées, pointées. Il a aussi le classe

ment et l'annotation des bulletins de présence, tâche réservée, toute de confiance.

Les bulletins de présence! Qui ne s'est récrié sur cette invention inquisitoriale? La sauvegarde du service, disent les rigoristes; la méfiance, le soupçon à l'état latent, objectent les consciencieux. Supputer le travail des agents, la mesure de leur diligence, sur une lettre postale, un timbre de distribution, l'heure du passage d'un facteur, ne serait-ce pas criant si l'esprit des chefs ne réduisait à un simple stimulant ce contrôle rigoureux?

Et le Surnuméraire de direction se complaît, dans son rôle effacé, à se faire l'indulgent complice de ses collègues du service actif, atténuant une lacune, passant sur une date douteuse, toujours prêt à glisser au courrier un avis officieux, réparateur d'une omission légère, d'un oubli, — rôle aimé et facile qui n'a pas même le tort d'être ignoré.

— « On voit tant de choses derrière soi, » a dit Emile Augier dans une de ses comédies. Du Directeur au moindre Commis, nul, dans les bureaux, n'est dupe de ces menus services que couvre complaisamment le contre-seing officiel, — et les petits sont les conseilleurs.

Ordre de service...

P. 29.

LE SURNUMÉRAIRE

DU SERVICE ACTIF

Un passant, celui-là. — Il apparaît à peine dans les bureaux pour fournir les renseignements nécessaires au registre matricule.

Il est grand, sec, mince et barbu. Il sort de la Douane ou des *sucres*. Ancien préposé, marié généralement, il n'a qu'un enfant. Sa femme est une ouvrière honnête et laborieuse. Vous aurez de lui un bon service. Ponctuel, soumis, peu zélé, mais respectueux envers ses chefs et dévoué à ses devoirs, le Surnuméraire, arrivé tard dans les cadres des Contributions indirectes, est une recrue utile ; d'une conception un peu lente et difficile, il n'en sera pas moins un auxiliaire sur lequel vous pourrez compter.

Il y a bien aussi le Surnuméraire frais émoulu du lycée, retoqué du bachot, le bachelier, le

1***

licencié, l'oiseau rare, que les bureaux de l'Administration centrale accaparent le plus souvent, l'instituteur en rupture de bancs... des écoles; — ils sont nombreux les instituteurs. Le recrutement est varié, comme vous le voyez; mais, je vous l'ai dit, le Surnuméraire actif d'aujourd'hui ne fait que passer.

Où donc est le temps où il prenait un intérim de Commis à cheval qu'il gardait de longs mois, touchant le traitement entier du titulaire?

Les intérims sont rares à présent et moins rémunérés depuis que l'on a supprimé le cheval dans la plupart des recettes et modifié les circonscriptions.

Mais ce n'est pas la critique des réformes accomplies que je veux entreprendre. Je sais que l'on a cru bien faire et qu'en apparence les traitements ont été augmentés, — en apparence seulement; — car, si l'on fait la part des taxations que les agents du service actif touchaient autrefois, il est facile de voir qu'ils n'ont rien gagné aux nouvelles dispositions budgétaires.

Et cependant la vie est dure pour le petit fonctionnaire. Depuis trente ans les vivres ont doublé de prix, et les loyers ont tellement renchéri que l'humble sous-ordre trouve à grand'peine un logement décent, dirai-je suffisant, s'il est marié et père de famille.

Combien j'ai admiré, chez ces jeunes débutants et plus tard chez les Commis principaux et les Receveurs, qui ne sont guère mieux partagés, cet ordre qui s'applique à donner à un mobilier res‑treint comme une parure de montre, un lustre simulant l'aisance, vanité naïve à laquelle on ne peut qu'applaudir et que l'on ne saurait trop louer chez la femme qui a accompli ce miracle d'éco‑nomie domestique ! — Car c'est à la femme qu'ils le doivent, nos modestes préposés du fisc, ce luxe à peu de frais, ce papillotage qui rit à l'œil ; la ménagère attentionnée, infatigable, veillant de longues heures, le soir, pendant que repose la petite famille ; se levant aux premières lueurs du jour pour préparer l'ordinaire frugal de la mai‑sonnée.— Que justice soit rendue à ces compagnes fidèles d'une vie de privations dont le moindre mérite est dans l'intégrité la plus stricte.

Mais si, du présent, nous remontons vers le passé, laissant le Surnuméraire actuel plus nomade que sédentaire, tantôt en section dans les contrôles, tantôt touchant barre dans quelque recette où il

reste à peine le temps d'embrouiller un peu le
écritures, nous parlerons de la vieille Régie.

Voulez-vous le Surnuméraire de 1830 à 1848 e
au delà, du temps où l'on faisait, en moyenne
quatre ans de surnumérariat?

Le Surnuméraire privilégié, après trente-troi
mois de service sans la moindre allocation, étai
appointé à 600 fr. par an et passait du Midi à l'Est
de l'Ariège, par exemple, au Jura, avec la pers
pective de toucher mensuellement au 1er emplo
rétribué 87 fr. 07 c. — Ne pas compter le premier mois du traitement retenu par la caisse de
retraites.

Quelle digression il y aurait à faire sur cette
retenue! Voyons, Messieurs des Finances, ne le
prenez pas tout entier, ce mois tant désiré. Faite
un prélèvement partiel, échelonnez...

Mais non; notre jeune homme a vingt ans à
peine. D'un Languedocien vous venez de faire un
Franc-Comtois. Ses parents se sont saignés aux
quatre veines. L'enfant part, le cœur gros, la
bourse légère. Suivons-le dans ses pérégrinations

C'est la diligence qu'il prendra et la patache —
car l'on change de véhicule à chaque relai, — e
ces chars à bancs sans nom, de formes, de cou

leurs diverses, roulant lourdement leurs ferrailles
et leurs coffres à tous vents, tressautant, versant
par les chemins, stationnant la nuit un peu partout, même en plein bois, à la porte de quelque
masure délabrée. — Curieux voyage!

Il n'y avait pas de chemin de fer alors, et les
Surnuméraires ne prenaient pas la poste, les pauvres ! Ils cheminaient, cheminaient cahin caha.

Notre privilégié, l'heureux appointé, secouant
sa tristesse, rit, chante et trinque, ma foi, tantôt
de son plein gré, tantôt par entraînement, le long
de la route, avec ses compagnons de patache : un
sergent d'infanterie en congé de convalescence,
une chanteuse légère, déjà mûre, haute en couleur,
aux épaules rebondissantes, et trois chasseurs
d'Afrique.

On avait bien recruté, entre Montpellier et
Lyon, une jeune fille blonde et modeste qui s'a-
britait sous l'aile de sa mère, deux personnes *fort
comme il faut*, fourvoyées dans cette bagarre.
Mais passons sur ce détail du voyage, un des plus
intéressants cependant... Que voulez-vous ? A
vingt ans, la Régie n'est pas la seule maîtresse...
de nos instants.

Le Surnuméraire arrive enfin à son poste, attristé,

songeur. — Bast ! on a un bon camarade, gai convive, et le joli vin d'Arbois qui.vous émoustille — un chef de service, Commis de 1re classe et un Surnuméraire appointé (*ancienne consistance*) tout est là, dans un village isolé, encaissé dans le roc. — Un jour, à la sortie de la messe, le nouveau venu a remarqué des minois chiffonnés, des yeux si agaçants... Eh ! le pays n'est pas si laid ! L'air est pur, le ciel est d'un gris bleu qui fait aimer... la nature !

Et notre Commis en herbe s'acclimate peu à peu. Le service est ardu dans le Jura. Les contribuables y sont réfractaires à l'impôt. On a vu Arbois proclamer la république en pleine monarchie, et s'insurger contre *l'exercice*. Là le cri fatidique n'a pas varié : à bas les droits réunis ! et à chaque révolution il s'est propagé dans toutes les provinces de l'Est. — Les élections se font périodiquement à ce cri de réforme, et nul n'ignore l'appellation pittoresque qui poursuit, dans ces contrées, l'agent de la Régie, appellation rappelant les rongeurs à longue queue, hôtes familiers de nos caves.

Il est vrai de dire que ces cris malsonnants, passés en quelque sorte dans le vocable du pays, n'ont rien d'injurieux pour l'homme en lui-même, qui est accueilli de la façon la plus cordiale.

Ainsi le Surnuméraire du temps passé attendait patiemment ses quatre ans révolus. Strict en exercice, il savait allier les exigences de ses fonctions avec les récréations auxquelles il était convié. Gai, babillant et voisinant, non sans succès, il ébaucha plus d'un mariage, — parfois il s'y laissa prendre; mais, d'ordinaire, il s'en tint aux promesses.

De nos jours, comme autrefois, le Surnuméraire, s'il est moins en vue, n'en a pas moins son utilité appréciable, ses attributions marquées. Intérimaire par essence, le voici titulaire. Il vient de passer Commis, nous le jugerons à l'œuvre.

Infumable !...

P. 37.

LES COMMIS

Le Commis, la cheville ouvrière! Ah! là, nous sommes à notre aise. Les types ne nous manqueront pas.

Et d'abord réservons le Commis de direction. Le côté *sucre* sera également traité à part. Il a sa physionomie spéciale. Dans les directions, les grades, ou mieux les classes, se confondent et forment un alliage homogène dont les éléments demandent à être appréciés dans leur ensemble, — homogène... sauf les prétentions, la petite guerre... mais passons.

Les Commis — j'entends les Commis à pied — je les prends de toutes pièces... et de morceaux. Car il y a des morceaux, des rossignols, du stock, des non-valeurs parmi eux.

Oh! les non-valeurs! un vieux Receveur déclassé, cassé pour infidélité de caisse; un artiste

LES COMMIS

Le Commis, la cheville ouvrière! Ah! là, nous sommes à notre aise. Les types ne nous manqueront pas.

Et d'abord réservons le Commis de direction. Le côté *sucre* sera également traité à part. Il a sa physionomie spéciale. Dans les directions, les grades, ou mieux les classes, se confondent et forment un alliage homogène dont les éléments demandent à être appréciés dans leur ensemble, — homogène... sauf les prétentions, la petite guerre... mais passons.

Les Commis — j'entends les Commis à pied — je les prends de toutes pièces... et de morceaux. Car il y a des morceaux, des rossignols, du stock, des non-valeurs parmi eux.

Oh! les non-valeurs! un vieux Receveur déclassé, cassé pour infidélité de caisse; un artiste

TYPES ADMINIS.   2

démodé, traînant de ville en ville avec un ménage en loques, triste débris d'un rôle héroïque;
un ex-commis voyageur hâbleur, cousu de dettes
et décousu aux manches ; un· petit blondinet,
furet, propret, guilleret, timide comme une ro-
sière et vicieux jusqu'aux moelles.

Mais, au milieu de ce monde mêlé, de bonnes,
d'excellentes natures : les Commis paresseux mais
honnêtes, les zélés à maintenir, les piocheurs —
ceux-là sont rares — et les moutons de contrôle
qui vont par deux le long des trottoirs comme les
gardiens de la paix, la rouanne à la main, le portatif sous le bras, dociles, doux, polis, exacts à
l'ordre, dignes gens qui rentrent tranquillement
chez eux, leur service fait, soigner leur petite
famille, et aider la bourgeoise à faire son ménage.
S'ils sont célibataires, vous les voyez, à heure fixe,
la petite bouteille d'encre suspendue à un bouton
de paletot, la plume à l'oreille, s'acheminer vers
leur modeste pension. C'est là qu'ils font leurs
écritures, avant et après les repas, dans une salle
basse, auprès du poêle, au chaud, en hiver, —
auprès de la fenêtre en été, — sur une table libre,
interrompant parfois la prise en charge des acquits-à-caution par un bout de conversation avec

l'habitué, une trinquée, une partie de bézigue.

Ceux-là sont les raisonnables. Mais, en général, ce que l'on reproche le plus au Commis à pied, c'est l'abus, la fréquentation continue du café, des cabarets et des brasseries.

Après tout sont-ils donc si coupables, ces parias du fisc, et ne pouvons-nous invoquer en leur faveur les circonstances atténuantes ?

Sauf quelques exceptions, le Commis est peu répandu dans la société. Il sait qu'il ne pourrait y occuper qu'une place infime. Sa chambre froide et nue n'a rien qui le retienne. Au café il est connu, bien reçu. Il y trouve le confortable, de la distraction, des journaux, presque le luxe pour lui, pauvre déshérité !

Et cependant ce luxe va l'obérer. — Son modique traitement lui suffira-t-il ? Il lutte, s'abstient d'abord, puis il succombe. L'occasion, l'exemple des désœuvrés et de ses camarades plus aisés que lui, l'entraînent.

Et la petite dette grossit, grossit, et de l'habitude invétérée naît l'excès. — Bientôt le scandale, la disgrâce, hélas !

Le Commis va rouler de résidence en résidence, dans l'abîme noir de la misère, la révocation, l'abjection peut-être, dans les bas-fonds de la sentine parisienne.

Qu'on ne croie pas que ce tableau soit exagéré. Les bons Commis restent, et c'est le plus grand nombre, disons-le à l'honneur du corps. Un peu de gêne, des privations! qui n'en est là par ce temps de crise générale? Mais une vie honorable, si précaire qu'elle soit, telle est la compensation — aucun souci d'affaires; une certaine indépendance d'opinion par ce fait qu'ils ne sont tenus à aucune ingérence dans les questions politiques, et qu'ils s'isolent de toute compétition, de tout différend ayant trait aux administrations locales, lesquelles n'ont sur eux aucune prépondérance. Ils ne dépendent que de leurs chefs et n'ont à rendre compte qu'à eux de leur conduite et de leur travail.

Je veux terminer cette étude du Commis à pied en esquissant une ou deux silhouettes prises sur nature.

De l'Epinerose, commis de 1re classe. — Un grand garçon, d'un blond hasardé, mi-roux, mi-doré, aux manières distinguées, ancien Commis principal, descendu de grade pour un léger manquement envers son Inspecteur, une discussion vive, — des deux côtés emportement, froissement sans qu'il y ait eu excuse de la part du subordonné. — Le pot de terre contre le pot de fer, toujours le pot de fer! vilains mots que l'on devrait rayer du vocabulaire administratif. Que de mécomptes et de regrets l'on pourrait éviter par un retour d'indulgence, une trêve d'amour-propre! Et combien pourrait aplanir de difficultés et effacer de fautes une parole du cœur!

De l'Epine (on supprime la rose dans le langage ordinaire) a pris son parti. Sobre, il a la manie des oiseaux. Sa chambre a un faux air de salon. Des panoplies d'armes — il est chasseur — ornent les murs; quelques bonnes gravures, une réduction de glace de Venise à rinceaux gothiques, précieux reste d'un luxe de famille que les vicissitudes des temps ont emporté. Il a conservé, sous une mise négligée, je ne sais quel air aristocratique qui prévient en sa faveur. Très loquace — ses collègues disent blagueur — il a réplique à tout, soulève les discussions, avive la controverse. Employé médiocre, il connaît tous les services et ne doute de rien.

Sa vie privée! — est-ce une tache? En tout cas, elle n'est pas indélébile. Il ne vit pas seul. On dit

même qu'il est inconstant dans ses goûts. Mais il
est garçon et ne s'affiche pas. Il faut bien quelqu'un
pour soigner les canaris et les chardonnerets, — *du
mouron pour les p'tits oiseaux!* — On fait ménage.
La soupe est prête quand il rentre, et on lit des
romans le soir. Dans ce nid discret point de bruit,
de l'entente, de *l'aparté* simplement, — au petit
bonheur! Si demain cela change, c'est qu'il faut de
la diversion, surtout dans un ménage non asser-
menté. — Au moins n'a-t-on pas de *fil à la patte,*
le pire lien des célibataires que Daudet a décrit
d'une façon si saisissante dans *Sapho.*

De l'Epine (sans rose) s'est lassé de la vie de
province et veut faire peau neuve. Il vient d'entrer
dans un grand service spécial à Paris. Le Commis
volage a pris son vol; il fera un Contrôleur de
marque.

Et enfin, pour clore cette galerie des Commis,
en tant qu'échantillons, M. Lefage, commis de 3e
classe débutant à 25 ans, bachelier. « Je suis ba-
« chelier monsieur; mon éducation, mes études
« me mettent au-dessus du vulgaire Commis. Je
« n'aime pas à me lever matin; je vous prie de me
« dispenser de l'ordre. Entre nous, mon collègue
« est un cuistre... » Tel est l'homme ; croyez-moi,

il est frappant. Vous l'avez vu. Heureux si vou ne l'avez pas eu comme camarade de section, vous ses pairs, ou comme subordonné, messieurs les chefs à divers degrés !

On n'a jamais pu rien en faire, et il a marché, tantôt à reculons, tantôt en avant, mais il a marché, n'exerçant qu'avec des gants, le col emmitouflé d'un cache-nez, été comme hiver, toujours enrhumé et un foulard aux lèvres pour se préserver des aspirations méphitiques du cabaret, disant pis que pendre de la Régie et ne saluant personne. Grognon, paresseux, gourmand, il ne se nourrit que de filets de bœuf et de becs-fins ; sans fortune, être énigmatique, il n'a jamais fait de dettes. Il a lassé ses Chefs de poste et ses Contrôleurs étant Commis, plus tard ses Receveurs comme adjoint, et comme Receveur tous les Inspecteurs possibles. Brouillon, taquin, égoïste et laid, détestable employé, scrupuleux toutefois sur sa caisse quand, de guerre lasse, on en a fait un Receveur ; à tout instant en congé de maladie, Lefage, devenu riche par un mariage qui a toujours paru louche, a donné sa démission et vit grassement dans une petite ville du Midi. Il taille des banques à 200 louis au baccarat et prête à la petite se·

maine. Ce qui est certain, c'est qu'il a gagné un château en Dauphiné en cinq points à l'écarté, et qu'il a bel et bien laissé son décavé sur le pavé.

Pauvre Commis il a été, triste châtelain doit-il être.

Il signe maintenant : Le Fage.

Le 49 et les canards.

P. 45.

LE COMMIS PRINCIPAL

ADJOINT

Il ne faut pas confondre le Commis principal chef de poste avec le Commis adjoint au Receveur, à pied ou à cheval, ou encore le Commis principal attaché aux bureaux, trois emplois équivalents quant au traitement, mais ayant des attributions différentes.

Je veux parler du Commis principal adjoint à un Receveur dans une recette ambulante. Ses collègues des villes et des petites localités, chefs de service ou de section, n'ont, vis-à-vis de leurs camarades, qu'une supériorité de grade relative, plutôt de nom que de fait.

Mais le Commis adjoint, marié ou célibataire, est en vue dans sa résidence et se mêle à la vie du pays. Il est de toutes les fêtes et cérémonies publiques, du tir à la carabine, des bals de sous-

2*

cription dont on le nomme parfois commissaire.
— Il fait partie de la musique du lieu. Instrumen-
tiste ou orphéoniste, vous le voyez figurer aux
concerts, aux festivals, un peu partout où l'on
s'amuse. Quelques-uns sont membres des sociétés
académiques siégeant dans leur circonscription,
des réunions agricoles, et participent aux concours. Il en est qui portent les galons de sergent,
voire l'épaulette d'officier de pompiers. Nous en
avons vu se distinguer dans les incendies, braver
l'inondation pour arracher à la mort des malheur
reux envahis par les flots, ou se précipiter, des
premiers, au secours de mineurs ensevelis sous les
décombres.

Braves cœurs, robustes de corps, à un âge où
l'homme habitué aux fatigues a acquis tout son
développement physique, les Commis principaux
du service actif sont d'utiles recrues pour la société
des petites villes où ils exercent leurs fonctions.
Ils y sont généralement aimés et recherchés.

N'ayant aucune responsabilité de service, laquelle incombe au Receveur, le Commis adjoint,
de préférence à son collègue, à qui revient l'initiative des mesures répressives, jouit de la sympathie
du public.

Le Receveur et son adjoint forment un ménage
uni par des liens qu'ils sont tenus de respecter.
— Que cette union soit essentiellement intime, je
n'oserais le soutenir. — Les caractères, l'éducation, la manière d'agir diffèrent souvent ; mais
l'esprit du devoir les rallie sur un terrain qu'ils
défendent en commun. Difficile est la tâche, et
leur intérêt, autant que leur propre satisfaction, est
de la rendre conciliante vis-à-vis du contribuable.

Voulez-vous, entre vingt autres, le Commis
principal chasseur ?

Voyez-le, devançant l'heure du départ de son
Receveur, pour aller *exercer* les écarts, — les
écarts, terme du métier qui veut dire les hameaux,
les fermes isolées pourvues de cantines, les carre-
fours d'une forêt, d'un bois quelconque où sont
disséminés les débits de boissons. — Il a les
jambes sanglées jusqu'aux genoux de houseaux de
futaine, comme le facteur rural, le carnier garni
des rogatons de l'hôtel, ou du ménage s'il est
marié, la gourde d'osier où clapote *l'abondance*
traditionnelle, et dans une poche du filet rougi du
sang de ses victimes, le fidèle *portatif*, le livre,
compte ouvert des assujettis, où l'employé de
Régie inscrit, à chaque visite, les 10mes vides des

tonneaux en perce et les expéditions prises aux recettes buralistes, lesquelles expéditions, acquits-à-caution, congés ou passavants, constituent les entrées et les sorties des boissons soumises au droit; dans un petit sac *ad hoc*, la rouanne, la sonde pliante, le rapporteur centésimal et, dans leur étui de fer-blanc, l'alcoomètre et le thermomètre centigrade pour peser les spiritueux. — Soldat du fisc, il a son fourniment, — à sa ceinture, sous la blouse, sa cartouchière, et sur l'épaule son Le Faucheux. Coiffez-le d'une casquette à visière collante, appliquée étroitement sur le front, ce qui permet, quand il se découvre, de voir une trace blanche ressortant au-dessus de sa face brunie, ridée prématurément par le vent et la pluie qu'il essuie sans broncher, vous aurez l'homme trapu, nerveux, à l'œil perçant, qui vous représentera un type de commis adjoint tel que je l'ai vu dans le Nord, à quelques lieues de la Belgique. Ajoutons, pour compléter le portrait, une barbe noire, épaisse, parsemée de fils argentés de laquelle émerge une pipe courte au fourneau brûlé, et n'oublions pas l'ami *Black*, son griffon croisé de chien-loup, qui ne le quitte pas d'une semelle, quêtant le gibier et la fraude.

On le surnommait la terreur des contreban-
diers. Mais si, par infortune, l'un d'eux tombait
dans son embuscade, il avait chez lui la table et le
logement. — D'aucuns ont leur chambre d'ami; il
avait, lui, sa chambre de contrebandier. — C'était
sa prison préventive. — Des barreaux aux fenêtres,
de solides verrous à la porte; mais, à l'intérieur où
il tenait compagnie à ses hôtes, les soirs de capture,
une table bien garnie, un souper froid, du cidre à
discrétion et de la bonne eau-de-vie de betteraves
pour les brûlots.

Comme notre Commis principal était marié,
Madame, complaisamment, se levait et faisait
chauffer le café. — Quels gais propos alors, et
quels aveux à travers les bouffées du tabac exoti-
que ! — C'est ainsi qu'il se renseignait sur la
passée des fraudeurs, prenait des signalements et
traitait à l'amiable des amendes à verser, sauf
l'approbation administrative. D'une conscience
stricte sur ce point, il ne transigea jamais avec ses
devoirs. Le contrebandier chauffé, nourri et
dûment confessé, il le remettait, suivant le cas,
soit à la force publique, soit entre les mains de
son Directeur qui en disposait. Maintes fois il a
plaidé les circonstances atténuantes pour un

pauvre diable, et même l'a secouru de sa poche.
Je citerai de lui un fait typique, et celui-là je
peux l'attester. Je l'ai vu, de mes yeux vu, le
Commis chasseur. Il avait à cœur, tout en faisant
la guerre aux canards sauvages, de mettre à jour
ses écritures de Régie; je l'ai vu, dis-je, au bord
des prés inondés courbé en deux, *Black* à ses
pieds, dans un grand tonneau vide, posé sur la
bonde, dont il s'était fait une hutte, décharger des
acquits-à-caution au registre n° 49, le fameux
registre que connaissent si bien les Commis
adjoints, et s'éclairant d'un rat de cave fiché contre
une douve, à l'intérieur de cet abri branlant, faible
lumignon dissimulé par des branchages. C'était
aux premières lueurs de l'aube. Il était là depuis
minuit, et à sept heures du matin, après avoir
abattu force gibier d'eau, il montait en voiture
avec son Receveur pour faire sa tournée quotidienne, sans même parler de sa nuit passée à la
belle étoile, dispos, restauré à la hâte, et tout prêt
à recommencer la nuit suivante.

Je parle de l'homme bien trempé, de l'agent
rompu au métier — et ils sont nombreux —
sachant allier ses goûts cynégétiques aux exigences
de l'emploi; mais on ignore à quelles charges et à

quelles fatigues sont astreints nos commis principaux ambulants. S'ils débutent flambant neufs, en
soulier vernis, chapeau haut de forme, jaquette ou
veston boudiné; les moins élégants, en *complet*
modeste, drap chaud, souliers mi-cloués qu'ils ont
pris à la ville, on les voit bientôt se transformer,
s'empaysanner, trottant par monts et par vaux toute
la journée et par tous les temps, rentrer à la nuit
et, chaussés de lourdes galoches, quelques-uns en
sabots à chaussons, se mêler aux distractions du
cru, et fumer tout à leur aise leur pipe au café,
voire au cabaret, faire la partie de billard, les
célibataires, — les pères de familles pouponner
leurs petits, et quand la couvée est endormie,
reprendre sous la lampe le travail inachevé et
l'inséparable 49, l'attribut obligé de l'emploi.

Que de labeur, et, dans les *exercices*, que de
discussions oiseuses et souvent de déboires pour
un si mince traitement: 18 à 1900 fr. par an!

Et l'homme reste honnête et probe; son intérieur est décent. Il est rare qu'il s'endette, — et
sept ans durant, le Commis principal adjoint
tourne ainsi dans le même cercle, patient écu-
reuil, rongeant les coquilles du fruit dont il a sitôt
croqué l'amande.

La soupe au fromage.

P. 53.

LE RECEVEUR

Le voulez-vous à pied? Le voulez-vous à cheval? C'est tout un.

Je le prends dans le service actif. Là, l'employé de la Régie a son rôle marqué — il est typique — — *sui generis*.

Dès le matin, de bonne heure, il *exerce* la résidence. Le plus souvent, c'est pour la veille. Pour peu que l'on ait eu quelque fréquentation avec les agents d'exercice, on a pu voir qu'ils instrumentent tantôt pour la veille, tantôt pour le lendemain, — quand ils ne *doublent* pas. — Doubler, c'est faire deux tournées le même jour : — le Fisc, nous l'avons dit, a ses expressions propres. Ses jours sont marqués par les bulletins de présence.

Le registre d'ordre porte l'exercice de la première tournée, la résidence. Or, ce jour-là, une partie de pêche, un rendez-vous de chasse, un malaise du Receveur, une visite amie, que sais-je?

un besoin de ne rien faire. — Qui n'a eu ce besoin
que l'on caresse aux premières sensations du réveil,
dans une somnolence moite, l'œil fixé sur les fleurs
roses de la tapisserie éclairée de lueurs vacillantes?
— Et la journée s'est passée oisive, sans labeur. —
On exerce le lendemain pour la veille. Receveur
et Commis adjoint marchent côte à côte, et, tout
en assurant les produits, — encore une formule
du métier dont nous avons donné la signification
au chapitre précédent, — c'est-à-dire en jaugeant
les tonneaux en vidange chez les débitants de boissons, et en marquant les fûts aux dixièmes, au
rond de rouanne, dont acte au portatif, les droits
sont assurés. Restera à établir le décompte de ces
droits en fin de trimestre.

Et l'on cause ici et là, tout en instrumentant.

Il ne faut pas croire que les relations des Commis
avec les assujettis soient toujours tendues ; c'est,
au contraire, entre eux, un rapprochement sympathique, d'homme à homme, un véritable com-
merce d'amitié, de confidences intimes. Dans le
nombre des redevables, il s'en trouve qui y vont,
comme on dit, bon jeu bon argent, supportant
sans se plaindre les exigences du fisc, et ne frau-
dant guère que sur les prix de vente, ou, s'ils sont

soumis à l'impôt comme brasseurs, sur quelques brassins qu'ils allongent le plus possible.

L'agent des Contributions indirectes, de sa nature, est tolérant. Il a compris qu'entre la lettre et l'esprit des circulaires et instructions, il y a une marge sensible. Et que serait la situation du contribuable, si la loi fiscale était appliquée dans le sens rigoureux du mot ? On ne sait pas assez combien la pratique a de tempéraments; et le service, en cette matière délicate, serait intolérable, s'il n'était rempli avec la discrétion que des chefs expérimentés et bienveillants sauraient d'ailleurs imposer à leurs subordonnés, dans le cas où ils tendraient à s'en écarter.

Le Receveur a exercé la résidence. Parfois il est seul, son collègue fait ses relevés à la recette buraliste, enregistre aux portatifs les expéditions prises par les marchands en gros et les débitants de boissons. Mais on se réunit à l'heure du départ pour la tournée extérieure. Le cheval a été étrillé, brossé, les harnais époussetés, la voiture à demi lavée, car les employés à cheval sont en voiture. Ils n'ont généralement qu'un cheval pour deux.

Ah! le bon vieux temps où chaque employé ambulant avait son cheval à lui ! Comme on l'ai-

mait, cette bonne bête patiente, au jarret solide !
A nos côtés, me racontait un vieil Inspecteur
blanchi sous l'exercice, jappait et gambadait le
chien fidèle, épagneul ou griffon, ou chien-loup,
fin limier qui flairait la fraude. Et l'on partait au
petit jour, Receveur et adjoint, comme le brigadier
et Pandore, *croustillant ici*, hêlant là-bas quelque
passant de connaissance, et humant à longues
bouffées la vieille pipe culottée, au ton ambré.
Puis, nous nous arrêtions aux hôtelleries, le long
de la route, et la nuit nous surprenait; — la tournée devait durer deux ou trois jours ; — on soupait
frugalement, non sans cette pointe de gaîté qui
assaisonne le plus maigre repas. Les jours d'extra,
on débouchait une bouteille cachetée. — Oh! le
cachetage des bouteilles dans les caves enfumées
de goudron, s'exclamait le vieil ambulant, c'était
à en être asphyxié, mais il fallait bien se soumettre
à la corvée réglementaire. — Et si, à la couchée,
la literie, le linge surtout, nous paraissaient douteux, eh! parbleu! on allait coucher à l'écurie, sur
la paille, auprès de *Cocotte*.

Eh bien! dans cette vie accidentée, laborieuse,
ajoutait-il, nous avions des temps d'arrêt qui nous
faisaient oublier toutes nos fatigues.

Voyant le bonhomme lancé sur cette pente des souvenirs, je l'écoutais complaisamment me parler de ses pérégrinations à travers la Bresse. C'était au temps où il n'y avait pas de chemin de fer dans cette contrée marécageuse, les chaussées d'étang servaient de chemin. Tel champ était, une année, en eau, et l'autre en blé. Les chevaux enfonçaient jusqu'au ventre dans ces jetées vaseuses, et ce n'était souvent qu'après de périlleux efforts que l'on pouvait atteindre un toit hospitalier. Je me souviendrai toujours, disait notre Inspecteur, de nos dîners de Béligneux. Quelque temps qu'il fît, nous devions nous rendre à ce village au moins une fois par trimestre. — *Nous devions....* les employés de la Régie ne parlent qu'au pluriel: ils sont toujours deux, les deux font la paire. — Nous arrivions trempés ou gelés, traînant nos chevaux par la bride, après avoir pataugé avec eux un bon bout de chemin.

Mais, à Béligneux, quelle bonne mine nous attendait, et quel dîner! Matelotte d'anguilles et de brochets, salmis de canetons sauvages, poularde de Bresse, salade, et pour dessert un gras et frais *claque en bec.* Le claque en bec n'est autre chose que le fromage blanc saturé de crème et

sucré à discrétion, tout cela sous la main, pris
au vivier, à la basse-cour, sauf l'assiette d'amandes
sèches et les biscuits provenant de la ville.

Et après ce repas plantureux arrosé d'un petit
vin de Cerdon, un peu ginguet, mais si émoustil·
lant et si franc, servi par deux bons Bressans, mari
et femme, émerillonnés, tout guillerets, qui le croi·
rait?... la soupe au fromage. Oui, une épaisse et
solide soupe au fromage, au milieu de laquelle se
dressait une louche en métal blanc, et, pour aider
à absorber ce condiment final, un joli beaujolais
pelure d'oignon au léger bouquet. — Le tout, par
tête, café et brûlot au kirsch compris, de plus, la
pitance du cheval, large ration d'avoine et foin à
discrétion : pour combien, messieurs, pour combien ? — 35 sous !!

Mais les Receveurs?

Les Receveurs, il y en a de tous les acabits.

Le Receveur gascon, toujours rieur, plumant la
poule sans la faire crier, serviable, avançant de ses
deniers la cote du pauvre, trinquant sans s'attabler,
blagueur par tempérament, strict en recouvre-
ments et rentrant le plus tôt possible pour ne pas
inquiéter la bourgeoise.

Le Receveur viveur qui s'attarde au bésigue et

laisse se morfondre son Commis adjoint, lequel fait ses écritures sur un coin de table, dans un cabaret borgne, mâchonnant sa moustache, maussade et fumant force pipes d'impatience.

L'économe, vivant de peu, œil vif, teint coloré, lutinant la débitante, rentrant à jeun et serrant ses écus dans un sac à boudin — j'entends boudin quant à la forme, — j'ai vu le sac et d'autres encore, d'où il a tiré un jour 20,000 fr. pour la dot de sa fille. Celui-là, quand il était Surnuméraire, faisant l'intérim de Commis principal, prêtait à son Receveur.

Il en est un que j'ai beaucoup fréquenté, un ami, le Receveur artiste. Sculpteur habile à ses heures de loisir, aquarelliste, très fort en fusain et en arts céramiques, c'était la bonté même et la vivacité personnifiée. Grand amateur de cheval, ancien sous-officier instructeur à Saumur, très versé dans l'art hippique, il avait le talent de faire son service vite et bien, et si vite que son adjoint avait peine à le suivre, et cela avec une régularité et une ponctualité toute militaire. Recherché pour son aménité et son mérite artistique, en même temps que pour sa franchise et son sens droit et sûr, notre Receveur, d'une honorabilité parfaite, faisait respecter l'Administration, tout en restant homme du monde. Bienveillant et ferme en service, il sut mériter l'estime de tous, et vit aujourd'hui retiré auprès de ses enfants qui le vénèrent et l'entourent de la plus tendre affection.

Ainsi le fonctionnaire, Receveur ou Commis, dans la sphère étroite qui lui est tracée, peut élargir le cercle de ses relations par ses qualités privées et les talents qui lui sont propres.

« On ne saurait être artiste et homme du fisc », a dit quelque envieux du clan administratif dont l'esprit n'a jamais pu s'élever au-dessus de la routine du métier. — A quoi je répondrai : Heureux celui qui peut être l'un et l'autre!

Un homme de sens, étranger à la Régie, a ajouté, non sans une pointe de critique : L'un fait oublier l'autre.

Un grand artiste.

P. 61.

LE COMMIS DE DIRECTION

— La phalange est nombreuse et vaut qu'on la dépeigne. — Tiens ! un vers qui vient tout seul, comme M. Jourdain faisait de la prose sans s'en douter.

— Eh ! nous en avons vu et nous pourrions en citer des plus fins et des meilleurs en littérature, voire en musique, qui sont sortis des bureaux de direction.

— Un exemple, en passant, inédit assurément.

— Vivier, le grand Vivier, l'humoristique corniste, qui a fait courir le monde des dilettantes à ses concerts si renommés, était petit Commis à la direction des Contributions indirectes à Lyon. Entre quelques copies de correspondance et l'expédition du courrier qu'il était chargé de mettre sous bandes, Vivier faisait de la musique. Son pupitre était un arsenal de luthier : violon, cor, harmonica, fifre et galoubet, bignou, il y avait des

TYPES ADMINSI.   2**

instruments de toutes espèces et des assemblages de verres et de cordes filées ; des *sol* et des *mi* enchevêtrés, harmonisés sur des chevalets primitifs, taillés au couteau, et de tout cela vibraient des sons aigus, des gammes écorchées, un bruit cacophonique traversé, par instants, d'un solo délicieux. C'était le cor qui préludait à son éclat futur.

Ses collègues étaient bien un peu agacés ; mais, en bons camarades, ils ne se plaignaient pas et, pour sauvegarder la situation, se mettaient complaisamment aux copies inachevées et au courrier que négligeait notre enragé mélomane.

Or, depuis longtemps déjà, sans s'expliquer ce bruit discordant, le Directeur percevait de son cabinet de vagues arpèges, des sons insolites de cuivre et de corde. Il voulut un jour en avoir le cœur net et entra brusquement dans le bureau de Vivier. Le corniste en était à un essai de mandoline et exécutait un *piccicato* effréné qui le perdit.

La sonorité de l'instrument avait couvert les pas du visiteur importun.

C'était une disgrâce, un changement au moins qui l'attendait.

Vivier, fils d'un ancien employé supérieur de

l'Administration, était sans fortune. Comme les artistes qui n'ont pas encore un nom, son passif, ainsi que l'a dit un critique philosophe, était tout son bien, passif criard, hélas! Le Directeur, en homme d'esprit et de cœur, prit à part son Commis évidemment insuffisant et lui tint à peu près ce langage : « Mon cher Vivier, j'ai, à Paris, à l'Administration centrale, un ami qui est aussi bon musicien qu'il est excellent administrateur; je vous adresse à lui. Voici une lettre de recommandation. » Et le digne chef lui remit un pli cacheté. — D'aucuns ajoutent que les dettes du congédié furent payées à présentation de nombreux petits billets plus ou moins timbrés, et qu'il toucha des frais de route qui lui permirent de gagner Paris sans encombre.

Là.... mais j'entre dans la vie intime du grand artiste, et j'avoue que je n'ai appris que par ouï dire les péripéties de son histoire, qui appartiennent à ses biographes autorisés. Le talent se fait jour tôt ou tard; mais le protecteur qui l'encourage a ce double mérite de faire le bien d'abord, et d'aider ensuite au progrès et à la manifestation d'un art dont nous goûtons tous le charme.

Cela dit à l'honneur du haut fonctionnaire qui

patronna Vivier, nous ne rapporterons plus de ce
dernier qu'un fait qui justifierait à lui seul sa
réputation d'excentricité, si elle était un instant
mise en doute. Ajoutons : *sous toute réserve*.

Je parle du Vivier prodigue, à ses heures d'infortune insoucieuse. Poursuivi par ses créanciers
et par de nombreux amis et quémandeurs, Vivier
eut l'idée, m'a-t-on assuré, de se réfugier dans
une des tours de Notre-Dame où il fit hisser un
piano, quelque peu désarticulé, je suppose, sous
prétexte de s'adonner à une grande composition
musicale qui n'a jamais vu le jour, que je sache.

— Ici, disait-il en parlant de sa retraite à peu près
inaccessible et en accentuant sa boutade d'un rire
caustique : « pour mes amis je suis invisible, pour
mes créanciers je suis inviolable. »

Mais revenons aux hôtes ordinaires des
directions.

Dans les bureaux il y a des nuances.

Le Premier Commis, ayant le grade de Contrôleur, ou Commis principal de 1re ou de 2e classe,
a la haute main sur son entourage ; mais le con-
tact continu, l'obligation commune d'arriver à la
production de pièces périodiques, établissent un
certain niveau, et l'accord entre les membres

souvent disparates de la direction se fait naturellement ; les froissements sont rares et l'intervention•du Directeur ne se produit presque jamais, si ce n'est pour des prescriptions de service auxquelles chacun se range. Il semblerait qu'un calme sans nuage règne dans ce petit monde officiel d'où émane la lumière qui rayonne sur un arrondissement, s'il s'agit d'une sous-direction ; sur le département tout entier, si ces rayons partent du chef-lieu du département.

Que d'éléments divers, cependant, de contrastes marqués, de compétitions occultes !

Le principe des Commis de direction tient à l'aristocratie de l'Administration par des prétentions plus ou moins justifiées. Le personnel se recrute généralement parmi les fils d'employés supérieurs. On s'est plaint quelquefois de ce privilège en quelque sorte acquis. Mais n'est-ce pas, pour d'anciens serviteurs méritants qui ont voué leur vie à la défense du fisc, une juste faveur ? Et puis, l'Administration a prévu le cas où les études théoriques de l'employé des bureaux doivent se compléter par la pratique, et les agents de direction, arrivés à l'emploi de Contrôleur, passent avec leur grade dans le service actif.

2***

Le Commis de direction a l'abord distrait du bureaucrate que l'on dérange de son travail. La première impression qu'il produit est un certain froid que connaissent les solliciteurs. Puis, il se déride, cause volontiers de choses étrangères à la Régie, et poliment vous éconduit par quelques promesses évasives : — c'est ce qu'on a appelé l'eau bénite de cour.

Il y a les travailleurs, ceux qui piochent tout le temps et qui emportent encore de l'ouvrage chez eux.

Les flâneurs, qui vont d'un bureau à l'autre, s'arrêtant pour faire à mi-voix la conversation avec le Surnuméraire ou l'Aspirant, commenter avec le chef la chronique scandaleuse, puis reviennent feuilleter le tableau des mutations, l'Annuaire, regardant longuement, sans la lire, une lettre à répondre, qu'ils serrent dans leur cartable : « On verra cela demain. »

Le promeneur, qui va voir l'avoué de la Régie, nanti d'un procès-verbal à plaider. Comme l'avoué n'est jamais chez lui dans l'après-midi, le temps se passe. On babille de toute autre chose que du procès avec un des clercs de l'étude. Puis, une pause au débit de tabac, ou chez le papetier pour une commande d'enveloppes bulle. Et le promeneur revient pour l'heure du courrier qu'il porte à signer au Directeur. Après quoi il le distribue, selon les attributions, à chacun de ses collègues, décroche lentement son pardessus au porte-manteau, prend son chapeau qu'il brosse soigneusement de la manche, et s'en va à quatre heures précises faire sa partie de piquet au *café de la réunion*, tout en fumant une bonne pipe et dégustant un *Amer Picon* à l'eau de seltz.

Le raisonneur. Un monsieur toujours sûr de lui, qui interprète les circulaires, renchérit sur Saillet et Olibo, et critique Trescaze pour sa méthode de classement des matières ; insupportable, perdant son temps à pérorer, petit, grêle et grincheux. On l'avait mis au personnel, il eût fait battre tous les employés. On lui a donné les bureaux de tabac, titulaires et gérants étaient en désarroi. De guerre lasse, le Directeur a pris le parti de le verser dans les *sucres*, la discipline le matera peut-être.

Le liseur. Celui-là a toujours un roman sous un état de licences ou derrière des portatifs qu'il est censé vérifier. Il prend des notes de temps à autre et a soin de les mettre en évidence quand il voit venir le chef du bureau ou un visiteur quelconque. Absorbé dans son travail — la lecture de *Sapho* ou *Jupe courte* de Catulle Mendès — vous êtes toujours sûr de le trouver sur sa chaise, son assiduité est précieuse pour les collègues. Il garde le bureau pendant que ceux-ci vont prendre l'air au dehors. Avec lui on est tranquille, il saura toujours trouver un prétexte plausible pour expliquer une absence. C'est un bon camarade.

Je pourrais m'étendre sur les variétés de l'espèce, mais je me bornerai à indiquer une ombre au tableau.

Le mouchard. Quant à lui, on le craint et on l'évite. Lui seul a ses entrées secrètes chez le Directeur. C'est en dehors des heures de bureau qu'il opère. On le connaît et on le subit. Il s'enferme avec le Directeur, qui a la faiblesse d'écouter ses petites rancunes et s'en fait un collaborateur haineux pour les feuilles de signalement. Le mouchard fait le mal à plaisir. Il est mielleux, obséquieux, rampant devant les employés supérieurs, insinuant auprès des subalternes qu'il fait parler pour en tirer matière à délation. Et le faux frère a de l'avancement. Il marche, comme l'hélice, en tournoyant, et fait son trou. C'est un pleutre sorti de quelque bas-fond d'une parenté ignorée ; il a grandi dans l'envie et le vice honteux qui se cache· Il est bien mis, cauteleux, poli, souriant ; mais, prenez garde, ses dents blanches mordent, son regard scrute et fouille votre pensée dans ses replis les plus cachés pour la travestir et la retourner contre vous. Et le mouchard, grimpant sur les épaules des petits, marchant sur le corps de ses victimes, les timides et les humbles, a atteint la direction. Alors il est bonhomme et dévot.

Mais que dis-je ? ses chefs l'ont deviné de bonne heure et en ont fait justice. Pour un type taré, qui a franchi, par l'astuce et je ne sais quel bagout administratif qui l'a fait passer pour un aigle, les échelons de la hiérarchie, il y en a vingt autres qui croupissent et s'acoquinent dans telle résidence perdue, mauvais Commis déclassés, ou mauvais, Receveurs suspects et mal famés.

Honte à ce produit frelaté, venimeux, et tous nos encouragements à cette pléiade aimable et jeune rieuse et pleine d'avenir des Commis de direction.

Il dort !...

P. 71.

LE SERVICE DES SUCRES

Je demande la permission, dans cette étude *spéciale*, de faire un peu de critique.

Et d'abord, l'employé des sucres est-il absolument nécessaire?

A mon humble avis, je penche pour la négative.

La fabrication des sucres, dans la plupart des usines, dure de deux à trois mois au plus. Je sais qu'il y a des bas produits à turbiner et que la présence des employés aux turbines a sa raison d'être pour les voir tourner, tourner, pendant qu'ils restent immobiles, sentinelles rigides...; enfin, il est bon qu'on ne perde pas de vue ces produits qui forment la base de l'impôt. Mais, quand les magasins sont vides, ou à peu près ; quand il ne reste plus rien à turbiner, à quoi servent les préposés ?

A rien. Vous les voyez flânant, oisifs, ou se prélassant au cabaret, moins par intempérance que par désœuvrement.

Je n'entrerai pas dans les attributions mesqui-

nes, dérisoires, qu'on leur impose : visites de jour
et de nuit à une fabrique dont les appareils sont
démontés, livrés aux ouvriers mécaniciens; visas
de présence, rondes infructueuses ici et là. Et, ce
qu'il y a de plus singulier, c'est qu'ils sont parqués dans un périmètre infranchissable qui ne
leur permet pas, à moins d'ordres supérieurs, lesquels ordres ils commentent et contestent bel et
bien s'ils n'émanent exclusivement de leurs chefs
immédiats, de se joindre aux employés du service
actif, soit pour les exercices dans les débits de
boissons, soit pour les visites aux brasseries et la
surveillance générale. D'où il résulte que ce petit
monde, à peu près inutile, a vraiment une morgue
singulière, et que, *dans sa spécialité*, il joue sans
rire à l'aristocratie administrative. Mais passons
sur ce petit travers si peu justifié et entrons dans
le vif de la situation.

Je ne veux qu'indiquer, en passant, la physionomie du Contrôleur des sucres, que l'on ne peut
guère séparer de ses hommes. Car, c'est un peu là
comme en Douane : même discipline, même organisation militaire, sauf l'uniforme.

Le Contrôleur est le *Deus ex machinâ* du service
des sucres. C'est sur lui que repose toute la res-

ponsabilité matérielle de l'impôt. Il a la haute
main sur le personnel. Toujours en course,
astreint à de fréquentes rondes nocturnes, son rôle
est de surprendre les agents en défaut, de les
tenir en haleine, d'instrumenter avec eux. Il n'a
de repos qu'aux dépens de ses jambes, quand il
rentre chez lui exténué après avoir fait une double
tournée à ses risques et périls, car l'Inspecteur
peut inopinément venir contrôler ses opérations.

Je ne sache pas d'homme plus méritant par son
travail ingrat et incessant. On ne peut dire de lui
qu'il soit une superfétation. Etant donné la taxe
sur les sucres, il est certes l'agent le plus pratique
et le gardien le plus vigilant des droits du Trésor.

Mais voyons le préposé en sous-ordre.

Relégué dans un hameau où il n'a pour toute
ressource qu'un cabaret enfumé, il y passe les
trois quarts de sa vie, mangeant à la table de ses
hôtes, s'il est célibataire, — maigre chère et
grabat pour couchette, tel est son ordinaire. —
J'en ai vu qui partageaient la chambre de quelques bons paysans qui n'en avaient qu'une.

Je me rappelle un chef de poste, Commis
principal à 1,500 fr. d'appointements. Le brave
garçon vivait avec sa mère, une bonne vieille

femme, toujours souffrante. — Ils n'avaient qu'une pièce pour eux deux, au milieu de laquelle le fils s'était ingénié à installer un grand rideau sur une longue tringle : d'un côté, le lit de la mère, son salon, sa chambre à coucher avec cabinet de toilette, dans un petit coin de six pieds carrés sur un sol sans plancher ni carrelage ; sous une soupente, le lit de l'enfant, ce grand enfant barbu, aux traits doux, l'humble serviteur du fisc, tout à sa mère, la pauvre femme, pas toujours d'humeur commode ! Au milieu, un poêle sur lequel on faisait la cuisine, une table en X que l'on appliquait contre le mur après le mince repas du ménage, — le mur, dis-je, brut, non crépi, orné de place en place d'une Sainte Vierge tenant dans ses bras l'Enfant Jésus, pauvre gravure sans cadre, d'un vieux portrait de Mozart et d'un tableau de Wilhem, à l'usage des orphéons. Entre deux fenêtres sans rideaux, un petit bureau en bois noirci sur lequel s'étalaient des portatifs et des registres d'expédition pour les mélasses et les bas produits.

Mais le luxe de cet intérieur consistait en un piano droit de Pleyl, encombré, surchargé d'études de Lemoine, de Godefroid, de romances de Loïsa Puget, de Massini, de Carayon-La-Tour. — Il y a longtemps de cela. C'était au temps de Pierre Dupont et G. Nadaud.

Oui, notre chef de poste était musicien. Enfoui dans le service spécial auquel il était attaché depuis son organisation, il avait pris son mal en patience, et ne trouvant pas, dans sa résidence, — quelques maisons groupées autour de la sucrerie, — les éléments voulus pour se li vrer à sa passion favorite, la fanfare, il avait délaissé les instruments de cuivre pour s'adonner passionnément au piano, et il en jouait, il en jouait à gammes que veux-tu, ressassant tantôt une variation, tantôt une mélodie de Schubert ou de Mozart, jusqu'à ce qu'il les eût dans les doigts. — Nul n'est pianiste s'il n'a cultivé, dès l'enfance, l'instrument si peu malléable, et ses efforts ne lui permirent jamais d'atteindre qu'à une demi-force d'amateur, accompagner le chant au piano et faire un peu sauter.

Mais jetons un coup d'œil sur quelques-uns des collègues du Commis musicien.

L'un d'eux sème des radis, plante ses choux dans un petit carré de jardin que son propriétaire lui a cédé. Si la pluie le retient au logis, il fait du crochet ou du filet. J'ai admiré quelquefois la patience et l'habileté d'un de ces agents, tisseur improvisé, qui ornait sa chambre unique d'un tapis de pied circulaire en fil ouvragé, dentelé, une merveille d'exécution, fait avec de la ficelle à sucre.

D'autres élèvent des lapins auxquels ils bâtissent des cages pittoresques. Ils ont un colombier et des pigeons pattus et des poules qui pondent gaiement dans un coin d'une basse-cour microscopique.

Les préposés mariés joignent d'ordinaire un métier à leurs fonctions fiscales. Les uns font des paniers, d'autres des chaussons de lisière, des bottines, d'un modèle coquet, ma foi, et des souliers de chasse et de route, cloués, ferrés, inusables. Il en est qui découpent le bois, forgent le fer. Il y a le menuisier et son rabot, le ferblantier, le lampiste, l'horloger. Ils sont presque tous maçons et décorateurs. Ils crépissent et recouvrent de papier à prix réduit, ou des illustrations du *Journal amusant*, les murs de leur logement modeste, et la femme tricote et rapièce les hardes du ménage. Un bambin joue auprès du poêle avec une brouette branlante, faite d'un vieux sabot désemparé.

On ferait, de cette classe de petits fonctionnaires ignorés, un tableau touchant, aux heures de quiétude que connaissent seuls les humbles et les déshérités de ce monde administratif, dont la conscience est calme, les goûts simples, et qui ne demandent à Dieu que la santé et le travail, attendant sans envie, sans une plainte, leur tour d'avancement et aussi que la paye grossisse pour faire face aux dépenses obligées et *pousser* un peu le petit dans ses études.

D'une honnêteté incorruptible, les préposés des *sucres* de tous grades, Commis et Chefs de poste, rachètent leur rôle à peu près nul par un esprit d'ordre et de régularité à l'abri de tout reproche.

Et puis, ils se prennent si bien au sérieux qu'on ne peut leur en vouloir de l'importance qu'ils affectent.

Je ne saurais résister au désir de rapporter, en finissant, un fait d'infraction à la règle dont j'ai été témoin et qui dévoile un côté intime de leur vie pratique.

Un brave Commis tout rond, gras à plaisir, bon à poser en modèle, qui jouissait d'une jolie aisance et traitait ses amis le mieux du monde dans sa petite maison, non loin de la sucrerie, fort bien élevé et d'excellente famille, avait grand'peine à

s'assujettir à la permanence de nuit, pendant
laquelle il.était défendu de dormir sous peine de
destitution. Notre Commis, très aimé de ses camarades et fort bien vu des ouvriers de la fabrique,
avait imaginé de suspendre un hamac à proxi-
mité des chaudières de défécation, de façon à se
rendre compte, sans se déranger, des *cuites* suc-
cessives, du haut de son observatoire, et pour
cela il avait disposé sous sa main le registre d'ins-
cription des défécations qu'il tenait au courant,
jusqu'à ce que l'atmosphère surchauffée au milieu
de laquelle il reposait l'eût engourdi au point que
ses yeux se fermassent et que le sommeil le prît.
Alors le hamac s'ébranlait doucement, mû par
une main discrète, et mon homme, oublieux du
devoir strict, se mettait à ronfler consciencieuse-
ment, et le clapotement des bascules, le bour-
donnement des turbines qui couvraient ses
bruyantes aspirations, protégeaient son sommeil.
— Ainsi s'écoulait sans encombre la permanence.

Or, une nuit, le Contrôleur en tournée surprit
le dormeur bercé sans doute, dans son hamac, par
des rêves de lapin sauté ou de reine-claude aux
tons dorés qu'il prisait fort. — « Chut! dit un de

ses collègues, je veille à sa place. Am.... s'est trouvé indisposé et n'a pas voulu, par scrupule, rentrer coucher chez lui. Nous l'avons posé sur ce hamac, il dort. Chut! Veuillez l'excuser, Monsieur le Contrôleur. » Et le chef indulgent, à moitié convaincu, s'éloigna à pas sourds.

Le registre de défécations qui était tombé de la couche improvisée du bon Commis avait été repris par un confrère et mis en rapport avec les indications du contre-maître chargé de la partie double des écritures.

Je vous le dis : tous braves gens, mais un peu fierots et pas du tout indispensables.

Amour et travail.

P. 81.

LE CONTROLEUR

Nous entrons ici dans le cadre supérieur de l'Administration. L'analyse doit être plus discrète.

Le Contrôleur atteindra à la direction peut-être... si les circonstances le favorisent et s'il a su se maintenir à la hauteur de son grade. Commander est chose délicate. Là il faut prêcher d'exemple. Le premier à l'ordre, le Contrôleur qui exige l'exactitude doit l'observer lui-même. Conduite régulière, tenue correcte, formes polies, initiative sûre, telles sont les qualités qu'on exige de lui. Il est si difficile de concilier le devoir strict avec l'application bienveillante de la loi ! Et puis, le Contrôleur a charge d'âmes. Que de Commis insouciants, cherchant à éluder leurs obligations, il a à régenter et à morigéner, pour quelques bons collaborateurs assidus, dévoués, sur lesquels il peut compter !

Le Contrôleur doit tout voir, son action porte

3*

sur les moindres détails du service. S'il les né-
glige, l'abus, sinon la fraude, se produira par
quelque fissure.

A une époque déjà éloignée, un Contrôleur,
dans une grande ville manufacturière du Midi,
s'était tellement relâché de son devoir qu'il avait
abandonné toute initiative au personnel sous ses
ordres. Le plus souvent absent de son poste,
les Commis instrumentaient à leur guise et faisaient figurer aux portatifs des recensements, des
exercices fictifs. L'Inspecteur, trop confiant, se
rendait à peine Compte, dans ses rares tournées,
du travail des employés. Le Contrôleur, averti
régulièrement par l'Inspecteur de sa venue,
l'accueillait de la façon la plus respectueuse, se
faisait son cicerone, et la vérification se résumait
en un examen sommaire des bureaux d'entrée et
de la recette particulière et buraliste du poste,
— pour mieux dire, cela se passait en conversation. — On tablait à l'hôtel et au café, et les
Commis à distance riaient sous cape. Mais
l'Inspecteur tomba un jour gravement malade : il
fut remplacé par un de ses collègues, à titre
intérimaire, et le Contrôleur, qui n'avait osé
affronter une enquête approfondie, s'étant dérobé,

son service fut l'objet de la plus scrupuleuse investigation.

Chose inouïe! Une partie des documents administratifs avait été anéantie, les portatifs manquaient. Il n'y avait que le compte ouvert du Receveur particulier qui fût à jour. Le comptable avait fait des perceptions au vu d'états de produits fantaisistes, de décomptes simulés. Il n'est pas jusqu'à des diminutions ou des augmentations qui n'eussent été supposées, d'un trimestre à l'autre, dans le montant des droits à acquitter par les assujettis, pour faire croire à des fluctuations diverses. Des sorties fictives étaient inscrites aux comptes des marchands en gros de boissons; partout désordre et confusion, sinon concussion, et cela par le fait, non seulement de sous-ordres négligents et infidèles, mais par suite de l'incurie d'un Contrôleur dont la coupable légèreté fut punie d'une disgrâce exemplaire.

J'ai cité là un exemple malheureusement trop vrai, une exception rare, unique peut-être dans les annales de la Régie. Mais ce cas particulier est de nature à faire comprendre le rôle important du Contrôleur, et la sérieuse responsabilité qui lui incombe.

Hâtons-nous de rentrer dans le rôle vraiment utile du Contrôleur. Voyons-le à la tête de ses laborieuses sections, luttant contre la fraude à armes courtoises et déjouant les combinaisons des contribuables en défaut, lesquels sont toujours en quête de moyens ingénieux pour masquer leurs manœuvres illicites. Sent-il un point faible, un agent hésitant? a-t-il quelque indication qui lui fasse pressentir une contravention? Vite il se porte sur le lieu menacé, relève le commis indolent, parlemente et défend le droit attaqué, tolère et sévit. Toujours en éveil, il sauvegarde les produits, les assure par sa présence et aplanit les difficultés de détail. Puis, il dépouille l'homme de Régie et devient l'homme du monde, l'homme privé, indulgent et paternel.

Il est des Contrôleurs qui ont des talents multiples : écrivains, musiciens, peintres de mérite, ou simplement collectionneurs, chercheurs de menus bibelots, de vieilles assiettes historiées, enluminées, qu'ils étalent symétriquement sur les murs de leur appartement.

Veut-on le père de famille? Voyez-le. — Il s'en va tenant par la main un petit bonhomme en képi qu'il mène au cours du Lycée, enfant

délicat, déjà sérieux, qui rumine sa leçon le long
du chemin. Il rentrera dans son ménage presque
coquet, grâce à Madame qui est en train de
chiffonner une simple robe bleu-uni pour la fillette, ce blond bébé au teint rose, enfoncé là sur
la causeuse, une poupée dans les bras ; *Frisette*,
la favorite du bébé à la poupée, jappe doucement pour ne pas faire de bruit. Le mari pose
un baiser sur le front de sa femme qui a un sourire muet et un regard tendre à double entente.
« Chut ! elle dort ! » et le papa s'attable à son
bureau, aux prises avec ses gros livres manus-
crits qu'il feuillette lentement, l'insipide et toujours la même besogne du Contrôleur, la vérification des portatifs. — Le petit au képi
s'installe sur la tablette du bureau, sous l'œil
du père.

Si le Contrôleur est célibataire, il a le cercle
après son travail quotidien et, comme son collègue marié, la confection de son journal, les appels des sorties, le classement des bulletins, le
pointage des carnets de circulation, le rapprochement des acquits et les visas à apposer à ces expéditions après décharge au 49.... Il a le cercle,
dis-je, et le café ; la partie à quatre : le Receveur

municipal, un Contrôleur des Directs, un capi-
taine en retraite et lui.

Puis, certaines nuits, ronde extérieure, embuscade, guerre à la fraude.

On ignore généralement ces veilles combinées,
laborieuses, qui assurent la sécurité et les intérêts
de nos cités au point de vue de l'impôt. Des
serviteurs dévoués et courageux sont là, dans
l'ombre, aux aguets, prêts à repousser l'attaque
des fraudeurs, à entraver leurs manœuvres et à
saisir les objets de contrebande qui viennent s'in-
filtrer dans la consommation au détriment des
produits légalement taxés. Déjouer cette concurrence déloyale, n'est-ce pas faire œuvre d'utile
surveillance et ne devons-nous pas accorder aux
agents qui l'exercent notre tribut d'éloges ?

En vain quelques meneurs criards, poussés à la
malveillance, à propos des agissements du fisc,
par une presse qui se dit populaire et n'est que
malintentionnée et injuste, veulent jeter le blâme
et le discrédit sur ce service de sûreté d'où toute
politique est exclue. Autant vaudrait-il incri-
miner le législateur, ou le juge qui applique la loi.
Il serait temps, ce me semble, de faire justice de
ces insinuations de mauvais aloi et d'assurer au

fonctionnaire civil l'estime que doit lui valoir son concours consciencieux à la chose publique. Si sa tâche est ingrate, que la considération, du moins, la rehausse.

Le Contrôleur est la clef de voûte du service actif.

Il y a le Contrôleur praticien par nature et par dégoût, furetant, — soulevant, comme on dit, la couverture, — l'effroi des fraudeurs, processif et sans quartier. Il devient rare.

Le Contrôleur petit maître, faisant du service en gants havane... au début surtout. Discret, galant même, passant d'une ronde ébauchée à un raout élégant, peu apprécié des vieux de la vieille Régie, « trop maniéré pour l'emploi », disent ces derniers.

Le Contrôleur fantasque, brouillon, en discussion continuelle avec le préposé en chef de l'octroi, soulevant des difficultés qui embarrassent la Direction. Ancien sous-officier aux spahis, grand buveur d'absinthe, épaulé au grand centre. Il a fait son chemin par faveur. — Il tombera dans un mariage interlope pour avoir sous la main ses pantoufles et sa robe de chambre, et maugréer à son aise.

Le Contrôleur amateur. Celui-là n'est qu'un

météore. On le destine à un poste quelconque au
Ministère. Comme nos Sous-Préfets de province,
il passe tout son temps à Paris. Il vient mettre
l'ordre une ou deux fois par semaine, va serrer la
main au Directeur, parle beaucoup théâtre et
concert... De Régie, peu ou point. Il a sa carte de
libre parcours sur la ligne ferrée, traite d'égal à
égal avec les chefs de service de la ligne ; dîne
chez Marguery, à la Maison-d'Or ou chez Brébant,
connaît tous les artistes, fait partie du cercle de la
presse à titre de publiciste. — Il a déposé un ar-
ticle humoristique au *Gil Blas* qui a promis de
l'insérer. — Gai soupeur, causeur disert, très
recherché à son poste..., quand il y est, bon enfant,
pas employé du tout. — Il a passé... Où peut-il être ?
Qui sait ?—Marié peut-être richement, chassant sur
ses terres, voire sur celles des autres. Fils de famille, il n'était là qu'à l'état provisoire, pour avoir
l'air de faire quelque chose — fantaisie de parents
riches qui ne veulent pas que leur enfant soit oisif.

Et je m'arrête au Contrôleur piocheur, modeste,
qui a dépassé la quarantaine, très ferré sur les
circulaires, ponctuel, soumis comme au temps de
ses débuts dans l'Administration. Simple de goûts,
d'une conduite exemplaire, un parvenu du travail.

— — Ne demande qu'à rester inaperçu. — Dans son service rien ne cloche : hommes et choses, tout est réglé, classé, en ordre. Il a un contrôle modèle et est noté pour l'avancement à l'*ancienneté*, un brevet de longue vie... dans son grade. Quand il approchera de la soixantaine, on en fera un Rece- veur principal. Et l'on se plaint que les Receveurs principaux soient quinteux, bourrus ! — Nous les jugerons dans notre prochaine étude.

Chacun s'en compte...

P. 91.

LE RECEVEUR PRINCIPAL

Le Receveur principal a passé par diverses phases d'attributions. Il fut un temps où il était chef divisionnaire dans son arrondissement. C'était à lui qu'incombaient la direction du personnel, en outre de la caisse centrale, les appels mensuels, le contentieux, la vérification de la comptabilité des Receveurs subordonnés, etc.

Aujourd'hui sa tâche, lourde encore, est réduite à la recette principale proprement dite et, dans la plupart des arrondissements, à l'entrepôt des tabacs et des poudres à feu. Il a, en plus, les recettes particulières et buralistes.

On le voit, sa responsabilité est grande, son mandat est sérieux.

Ancien Inspecteur et même Directeur, tout au moins ancien Contrôleur, le Receveur principal a une supériorité de grade que son temps de service et son expérience justifient.

C'est dans ses bureaux que les Contrôleurs et les
Commis principaux chefs de poste viennent
mettre l'ordre et travailler à leurs écritures. C'est
là où sont les impressions à répartir entre les
diverses circonscriptions de la division, les
rouannes, les instruments de toute sorte : thermo-
mètres, alcoomètres, densimètres, saccharimètres,
clous et plombs et ficelles pour les sucres, un
véritable bazar à classer, à étager, à étiqueter ; à
l'entrepôt des tabacs, des tonneaux vides à renvoyer
aux manufactures, douves et cercles à empaqueter ;
poids et balances à entretenir, à ajuster, colis à peser,
tabacs à mettre en vente ; cigarettes, cigares, scaferlati, carotte, menu-filé, tout cela doit passer sous
les yeux, dans les mains du Receveur principal
entreposeur, qui se fait l'aide du garçon de ma-
gasin.

Je ne parle pas des poudres de mine et de chasse
déposées, d'ordinaire, en dehors de la ville, sur
lesquelles il a à veiller spécialement. Le Comptable
supérieur est sans contredit l'homme le plus
occupé de la Régie, le plus chargé en matériel et en
paperasserie : bordereaux, comptereaux, productions mensuelles, trimestrielles, annuelles.
Ces dernières se comptent par centaines.

Et ce n'est là qu'un simple aperçu de ses obligations.

Mais l'homme? Car enfin mes croquis n'apprennent rien aux gens du fisc, et n'ont qu'un médiocre intérêt pour le public étranger au service.

L'homme, c'est différent. Je l'ai vu d'assez près pour pouvoir l'esquisser avec une certaine fidélité de touche. Le Receveur principal a le dos courbé, la tête blanche et chauve, — les chevelus sont peu communs. Ces derniers ont la coiffure négligée, en désordre. — Le Receveur principal porte des lunettes, cela va sans dire, l'élégant, des lunettes d'or ; il a la barbe longue de plusieurs jours : l'homme laborieux est excusable, il n'a jamais le temps de se raser, et si sa femme ne l'y obligeait.... Sa mise est correcte, sauf la cravate qui tourne souvent autour du cou ; le linge blanc, — toujours la main de la ménagère, — quelque chose de raide dans la pose, il sourit à peine, ne rit jamais. Lugubre, sec, strict, — trois mots qui feraient image au genre imitatif, — il semble, quand on lui demande ses impressions, qu'on lui prend son os. Il ne vous donne que le compte juste.

— N'en gâchez pas, il n'y en a plus, l'Administration ne m'envoie jamais ce que je luul demande.

— Et des intercalaires?

— Vous en ferez à la main.

— Mon rapporteur centésimal est cassé.

— Où est l'anneau? sans anneau pas de rap-qu porteur.

— Ma rouanne est ébréchée...

— Elle ira encore longtemps comme ças? aiguisez-la.

Et de tout ainsi.

Le Receveur principal a de grands enfants, desb filles surtout, difficiles à marier. Commemer aurait-il pu faire des économies? Il a couru ll province; à chaque grade nouveau, nouvellesll dépenses. Jamais un sou d'indemnité. Le fononc tionnaire civil voyage à ses frais, lui et sa familleoll achète de ses deniers cheval et voiture au tempqm où il remplit des fonctions à cheval — le mot se dit en Régie!... S'il a placé quelques fonds préaic levés, non sur ses appointements, mais sur soioe petit patrimoine, il les a entamés, dissipés eno voyage. Une maladie de sa femme ou de sea enfants l'a mis à court; il a beau vivre simmi plement, de loin en loin il faut recevoir; et puisio produire ses filles, aller dans le monde. L'aînée joue du piano, il a fallu des leçons — pas cher, mais cela compte. — La cadette va au collège des jeunes filles. On vise au brevet supérieur, la timbale! Et puis après? Après, on reste vieille fille.

Qui n'a vu une dame âgée, à l'air triste, les traits creusés par la souffrance physique et morale, souffrance muette, et à ses côtés deux grandes demoiselles au teint jaune, le nez effilé, menaçant le menton, la lèvre estompée d'un duvet ombreux, les yeux perçants et d'un noir vif qui semble concentrer le feu d'une âme méconnue; irréprochables de tenue, robe sombre, dévotes, hélas!.... pour le monde, envieuses peut-être et mordantes pour le prochain? — Cette dame est la femme d'un Receveur principal, et ces demoiselles sont ses filles.

Si le Receveur principal a des garçons, l'un sera clerc de notaire. A force d'épargne on lui achètera une étude; l'autre se retirera à la ferme, le bien de sa mère, et fera de la culture et de l'élevage. Quelques-uns de ces employés supérieurs mettront leurs fils dans la Régie. Que voulez-vous? ils feront comme leur père, tireront le diable par la queue, vivoteront et grimperont péniblement à l'échelle des grades. Dans le nombre, il y en aura des heureux qui feront de beaux mariages et se seront haussés par l'étude, et aussi sous l'influence de leur bonne étoile, aux emplois de Directeur, d'Administrateur. On en a vu arriver à la Direction générale.

De Receveur principal garçon je n'en connais pas. De sa chaise curule, ou mieux, de son fauteuil à dossier bas, circulaire, le Receveur principal est l'esclave du public, des débitants de tabacs venant à l'emplette, des Commis remuants, causeurs, soit aux heures de l'ordre, soit à toute heure, en passant, pour un oui, pour un non : une main de bulletins à demander, un renseignement, un conseil à prendre. Notre comptable donne volontiers des consultations. Il a sous la main la collection des *Annales*; il discute et tranche les questions de régie. En cela il lui arrive quelquefois d'empiéter sur les attributions du Directeur ou du Sous-Directeur, de là des froissements, des mots aigres-secs ; mais la hiérarchie s'impose et il rentre ses cornes, en grognonant tout bas. Ses titres administratifs, ses connaissances acquises font qu'on l'excuse. Et

puis, qui sait? il a peut-être raison..., la juris-
prudence est si variable, les cas sont si com-
plexes!

Nul, s'il n'est de la partie, ne se figure l'importance de ce grand service qui comprend les boissons: vins, spiritueux, cidres et hydromels; les
brasseries, les distilleries, les cartes, les voitures
publiques, la garantie, les tabacs, les sels, les sucres
et le contentieux se rattachant à toutes ces branches du droit. Je ne parle pas des octrois qui ont
avec lui des rapports continus et communs. N'est
pas qui veut bon agent des Contributions indirectes,
et le Receveur principal, qui centralise toutes les
productions, a le double mérite du savoir administratif et d'une intégrité incontestée.

A ce titre passons-lui sa mauvaise humeur, sa
raideur parfois et ses impatiences dans les relations
journalières qu'il a avec les employés et le public.
J'en citerais plus d'un qui sont des bourrus bien-
faisants et qui réconfortent de leurs bons avis, de
leur bourse même, plus d'un préposé nécessiteux.

Je demande donc l'indulgence pour le Receveur
principal, bureaucrate surmené, en même temps
chef et subordonné, cheville ouvrière et clé de
voûte, l'homme de la Régie le plus méritant, occu-

pant une position mixte, la plus utile de toutes et
la moins enviée.

On a écourté sa qualification. Ses chefs et ses
pairs l'ont appelé familièrement : *Principal*. Cette
appellation est juste, et marque, dans son laco-
nisme, le rang supérieur qu'il occupe et la déférence qui est due à son ancienneté de service et
ses multiples fonctions.

A demain...

P. 99.

L'INSPECTEUR

L'Inspecteur chez les Indirects — côté des boissons — n'est pas la mouche du coche. Il n'a pas non plus le rôle sérieux de l'Inspecteur de l'Enregistrement, l'homme que nous voyons penché sur des grimoires tatoués de timbres, à la recherche de la petite bête; encore moins a-t-il la mission officiellement solennelle de l'Inspecteur des Finances, le vérificateur sans merci, vivant solitaire, s'abattant à l'improviste sur le fonctionnaire comptable qu'il terrorise, fût-il impeccable.

Non, l'Inspecteur, en matière de Contributions indirectes, est un homme aimable, familier, on pourrait dire un bon camarade vis-à-vis de ses subordonnés.

Quand il vient dans une recette, il s'est presque toujours fait annoncer. Autrefois il s'installait à la résidence des employés, et y restait des

semaines entières, alternant ses tournées d'un
point à l'autre de la circonscription, vivant de la
vie des agents, s'identifiant à leurs habitudes,
redressant les irrégularités sans y appliquer de
critiques trop sévères. Les cas sont rares d'insu-
bordination dans ce corps modeste, plus rare
encore la malversation : aussi l'Inspecteur n'a
presque jamais l'occasion de sévir. Ses inves-
tigations tendent surtout à rechercher la fraude.
Par son expérience et l'initiative qui s'attache à
son grade, il est plus à même de la découvrir que
les employés instrumentant d'ordinaire dans les
débits.

Les fonctions de l'Inspecteur actuel sont les
mêmes que celles de ses devanciers ; mais la facilité
de locomotion que donnent les chemins de fer
lui permet de ne toucher barre dans les sections
d'exercice qu'à certaines heures du jour. Chaque
soir il rentre à sa résidence, au chef-lieu du département, harassé et soucieux avant tout de puiser,
dans le calme du chez-soi, de nouvelles forces
pour reprendre le lendemain sa vérification ina-
chevée. — Que cette inspection tronquée, préci-
pitée, soit de bonne administration, je laisse toute
appréciation à qui de droit. — Je parle de l'Ins-

pecteur d'à présent, nomade, courant entre deux trains, mettant à la hâte un visa dans une recette buraliste, voyant quelques assujettis et s'arrêtant à peine pour dicter un procès-verbal fait sur une pointe d'aiguille, dans une perquisition sommaire: Je le vois emporter une liasse de portatifs qu'il vérifiera chez lui, à la veillée, serrer la main des employés, brûler un cigare et humer un bock au buffet. Il est jeune, alerte, expéditif. C'est un nouveau venu qui sort de l'Administration centrale, marié recemment, un Directeur en herbe, fort bien en cour.

Ah! j'en ai connu d'autres bien différents de celui-là. Valaient-ils mieux?

Un bon vieillard qui s'attablait au wisth, même à la *Bête ombrée*, dès son arrivée au poste. Puis, le dîner était servi, un dîner qu'il avait commandé — le bonhomme était gourmet : — ris de veau, pointes d'asperges, volaille, soufflé de pommes de terre, crème au chocolat, roquefort, médoc, fruits. Après dîner on faisait un tour au débit de tabacs, une causette avec madame la buraliste, pendant que le receveur arrêtait le bureau. L'Inspecteur, tout en feuilletant les registres, se mettait au courant des petits potins de l'endroit et apposait ici et

3***

là son visa. Le buraliste,débitant de tabacs, mauvaise langue malsaine, envenimait son récit de
sa bave infecte. — J'en ai donné plus loin un
portrait peu flatté. — L'Inspecteur pas méchant,
mais friand du croustilleux, écoutait, dodelinant
de la tête, pendant que Madame la débitante ren-
chérissait d'un sourire forcé, l'œil humide de passion haineuse,sur les vilenies que disait son mari.
Une jeune fille, les yeux baissés sur son crochet,
était là, muette, blasée déjà sur les petites turpi-
tudes qu'elle entendait répéter sans cesse, triste
fonds d'éducation qu'elle recevait de ses père et
mère.

J'aurais pu choisir un autre tableau. Il en est,
dans nos petites villes de province, qui sont, au
contraire, rassérénants, et auprès desquels l'esprit'
et le cœur se complaisent ; des intérieurs simples,
touchants de mœurs; mais le ménage mauvais
que j'ai vu et flagellé dans mon indignation,
revient malgré moi sous ma plume; monde per-
vers, faisant contraste avec le digne Inspecteur
débonnaire, aimé, vénéré de tous, qui sortait de
ce foyer de médisances pour aller reprendre à
l'hôtel son wisth inachevé et goûter ensuite le
repos que facilite une bonne digestion.

De service point, ou si peu.... une petite tournée de santé avant dîner, dans une voiture confortable, couverte l'hiver, et de longues causeries,
des histoires de Régie accidentées, pittoresques,
souvent périlleuses, et les récriminations, thème
inépuisable du fonctionnaire.

Que de variétés à citer !

L'Inspecteur violoniste qui n'a qu'un souci : faire
de la musique. — Dans une des recettes de sa
division, le Receveur est flûtiste, le Commis principal joue du violoncelle ; quel bon trio l'on
exécute !

L'Inspecteur chasseur, le pêcheur, le collec-
tionneur de minerais, de médailles, le bibelotier ;
l'homme à l'herbier, naturaliste, herboriste, le
peintre de paysage. Que de pauses sous bois dans
la clairière, et comme perspective, dans l'échap-
pée de vue, une vache qui rumine et la bergère
qui file ; sur un tertre fleuri, la maisonnette au toit
rouge. Oh ! la Régie alors se fond dans l'espace
au ton brumeux, la fraude peut passer, et le
brasseur... brasser sans déclaration...

Mais revenons au bon vieux temps. Aussi bien
je brûle de vous esquisser un des types les plus
originaux, resté légendaire dans un des dépar-

tements de l'Est. L'Inspecteur, dans ce temps-là, portait le titre de Contrôleur ambulant. Il était monté, et il eût été difficile qu'il le fût *fictivement*, comme nous l'avons vu depuis. Ici une digression — il s'agit d'un Inspecteur nouveau modèle. — J'ai vu, que dis-je! j'ai lu, de mes yeux lu, dans une écurie d'auberge, un écriteau attaché au râtelier, portant cette indication : *cheval de M. l'Inspecteur*. Il n'y avait presque jamais de cheval dans la staîle réservée, mais il pouvait y en avoir un, le règlement était sauvegardé. J'ai connu l'Inspecteur, — pas le cheval.

Donc le Contrôleur ambulant dont il s'agit n'était pas toujours monté. Peu marcheur de sa nature, il avait sa manière à lui de faire une tournée de vérification. Par une belle journée de soleil, il se transportait, de sa personne, en coucou ou en patache, à la résidence des employés, et, arrivé là, il leur disait : Nous allons faire la 6e tournée.

— Prenez votre portatif, ordonnait-il au Commis adjoint. M. le Receveur, suivez-nous.

Le Receveur, très au courant de la manière de faire de son chef, se chargeait, pour la forme, du 74, le quittancier que l'on sait, plié en deux, du 176, le registre des rédimés, et du 50 A (gros et

transit). L'adjoint était muni de tous ses instruments : rouanne, sonde pliante, etc., et l'on partait.

Les trois agents, dont un supérieur, gravissaient
le monticule qui domine la susdite résidence, et
là le Contrôleur ambulant, flanqué de ses deux
hommes, faisait halte, puis, après avoir repris
haleine :

— Ouvrez le portatif, disait-il au Commis, la
tournée va commencer. Vous, M. le Receveur,
appelez les communes.

Et chaque village, chaque hameau était désigné
du doigt, à l'horizon, par le Receveur. Le Commis adjoint feuilletait le portatif.

—Voyez-vous, là-bas, à droite, cette maison à
toit gris ? montrait le chef de poste, il y a un débi-
tant... Durand... n'a pas d'acquit, le facteur nous
l'aurait apporté.

— Marquez un dixième, dictait le Contrôleur.

— Un peu plus loin, dans les arbres..., Blon-
deau... n'est jamais chez lui...

— Notez : porte fermée...

— A gauche, derrière la fabrique... Fichet...,
rédimé pur. — A payé les droits sur un fût d'eau-
de-vie, nouvelle venue..., il y a un acquit dans la
poche du portatif.

— A enregistrer, murmurait le chef mi-som-
nolent.

— Manceau... un écart... est en moisson...

— Même état, balbutiait la voix éteinte.

— Et là-bas, sur la route, au bord du petit
bois..., Boutin, le cantonnier, n'a plus de cidre,
a acheté des pommes pour en faire, je l'ai vu
hier...

— N° 7, ajoutait le Commis adjoint, en accentuant l'appel d'une voix forte.

— Portez-le vide (w), ripostait l'ordonnateur de
la tournée, sorti de son assoupissement.

Et ainsi des autres débits. Le Contrôleur ambulant satisfait :

— C'est bien, Messieurs ; fermez le portatif : la
tournée est finie.

Et l'on s'en allait, jasant un peu de tout, même
de la Régie, la conscience tranquille. La journée
était remplie.

Ce récit n'est pas un conte. *Si non e vero*, diront
les incrédules. Quoi qu'il en soit, Messieurs du
moment, vous en rirez, vous qui faites mieux,
mais vous n'êtes pas de la force ni de la taille de
l'Inspecteur des sucres que nous avons connu
dans la région pyrénéenne. Tout le monde l'a vu,

lui, l'homme des missions dit Père Mann, toujours en tournée d'inspection, fût-il en chasse,
comptant ses jours par ses ordres de service per-
pétrés dans un bureau *ad hoc* où il avait concentré
l'élite des préposés ; l'homme aux rapports, le
grand organisateur et vulgarisateur de la permanence ; en même temps sucrier et homme du fisc,
affairé, sûr de lui, tranchant, susceptible, entier,
bon enfant, la terreur des petits, — homme multiple ; dans la discussion, verbe haut, heureux
toujours, ses collègues ont dit chançar ; honoré,
décoré. Rien ne lui a manqué : fortune, administration, famille et surtout cette satisfaction de soi-
même qui est la plus enviable de toutes ; riche, je
crois, — n'a qu'un côté faible que je sache : mauvais estomac.

Lise ! Le côte-rôtie...

P. 109

LE SOUS-DIRECTEUR

On peut supprimer les Sous-Préfets, on ne supprimera pas les Sous-Directeurs des Contributions indirectes; seulement on leur restituera leur vrai titre : Directeurs d'arrondissement.

On les a appelés Contrôleurs principaux, Inspecteurs divisionnaires. Pendant quelque temps, on a donné leurs attributions aux Receveurs principaux.

Le Sous-Directeur est le chef incontesté de l'arrondissement, où il n'est nullement en sous-ordre. La particule qui précède sa qualité est une simple satisfaction donnée au chef du département, lequel traite ordinairement avec lui d'égal à égal.

Sous-Directeur d'une division *sans Directeur* — on voit combien cette appellation est peu en rapport avec l'emploi. — Le chef de l'arrondissement a ses bureaux organisés comme au chef-lieu du département, à un ou deux commis près. Il est

maître chez lui, dirige le personnel qui ne voit
guère que lui. Tandis que l'Inspecteur, qui réside
au chef-lieu de la direction, — encore une mesure
plutôt nuisible qu'utile aux intérêts du Trésor, —
rayonne dans tout le département, il reste, lui le
Sous-Directeur, à son poste, observant, maintenant l'exécution des instructions, transigeant les
affaires contentieuses et veillant aux productions
réglementaires, absolument comme son collègue,
son chef immédiat, sauf quelques formalités d'approbation de pure forme de la part de ce dernier.

Cela bien défini pour répondre aux suscep-
tibilités que j'ai entendu émettre, voyons l'homme.

Le Sous-Directeur a passé par tous les grades, à
moins qu'il ne sorte de l'Administration, cette
pépinière des employés supérieurs — supérieurs,
non en connaissances pratiques, leur inexpérience
au début des fonctions élevées dont on les a investis
prématurément en est souvent une preuve. Mais,
en général, le Sous-Directeur est, pour ses collaborateurs, un ancien camarade.

Accueil bienveillant, indulgence, intérêt particulier, les agents sous ses ordres trouvent tout
cela en lui. Il est leur conseil, leur appui, ce qui
n'exclut ni les redressements obligés, ni la mercu-

riale familière, ni la réprimande officielle, qu'il sait dispenser à propos dans les cas graves.

La direction d'arrondissement est le foyer qui ranime les tièdes, stimule les apathiques, encourage le zèle ou en modère les élans. Là, l'agent de la Régie se sent sur un terrain où il a le pied sûr. Là, sous l'influence de paternelles exhortations, il puise le courage de supporter les fatigues, les déboires et les récriminations du contribuable. Il s'épanche et se confesse franchement, sans détours parce qu'il se sait soutenu. Que d'employés, en versement, à la fin d'un mois d'intempéries et de difficultés toujours renaissantes, de débats oiseux avec les assujettis, en vue d'arracher sou à sou la manne de l'impôt, je dirais mieux, la dîme, — car l'impôt des boissons n'est pas autre chose que la dîme prélevée sur la consommation, — que d'agents froissés, lassés de leur tâche ingrate, trouvent auprès du chef l'énergie et la force nécessaires pour reprendre résolument l'exercice pénible de leurs fonctions !

Du cabinet directorial ils passent aux bureaux des commis, leurs collègues, et là s'achève l'œuvre de relèvement. — On cause amicalement; l'appel des écritures s'effectue sans discussion, sans cri-

tique irritante, et l'heure sonne du déjeuner où se
réunissent souvent bureaucrates, Receveurs et
Commis, franche confraternité à laquelle s'asso-
cie parfois, à l'heure du café, le bon chef qui voit
dans son personnel une famille dont il partage
les sentiments et allège les épreuves, rapprochement plein de cordialité et d'effusion.

Ainsi, du moins, était-ce autrefois.

Aujourd'hui, la jeune Régie a des allures plus
personnelles, plus indépendantes. L'esprit de
corps est moins dans les mœurs. Si cela tient,
dans une certaine mesure, à l'élément ministériel
pris au centre parisien — soit à la Direction
générale, cette école normale supérieure du personnel fiscal, — nous devons reconnaître aussi
que l'état des esprits, les transformations sociales
y sont pour beaucoup. Ce qui se passe dans la
masse des citoyens plus particulièrement portés
à suivre les débats de la presse et à s'en inspirer au
point de vue des questions politiques, ou des
problèmes tant débattus d'arbitrage, de fédé-
ration, de syndicats, d'économie sociale, a son
contre-coup dans nos Administrations, qui ne
devraient s'occuper, en matière d'impôt, que de
l'application, de la perception pure et simple de

la quote-part contributive dont chacun est passible. L'autorité, dans l'ordre d'idées qui préoccupe par trop les esprits, devient *l'ennemi*; et l'envie, les aspirations non définies, vagues, et les excitations politiques ont porté un coup fatal à la camaraderie, qui peu à peu s'émousse et disparaît.

Le Sous-Directeur a conservé les bonnes traditions, il a table ouverte pour ses collègues en tournée, MM. les Inspecteurs, et pour quelques Receveurs et Commis principaux de sa division, les meilleurs, les plus méritants. Et dans ces apartés, ce sont des redites toujours intéressantes sur les péripéties du métier, des récits d'antan, souvenirs quelquefois scabreux, qu'on chuchote si Madame est là, qui éclatent entre hommes avec des rires bruyants arrosés d'un vieux Collioure ou d'un Châteauneuf du Pape si velouté... Et Lisa, la cuisinière, a des fines brochettes de foie de veau entrelardé, sauce beurre frais persillé, où elle excelle, de la sardine fraîche, du beurre de Nouvion (en Thiérache), des becfigues et un macaroni au jus; puis au dessert, un *Dauphin* (voir à Boulogne, près d'Avesnes [Nord], le siège unique de ce fromage exquis), et les menues gâteries qu'on croquille.

— Et, le maître, à la gracieuse ménagère : « Lisa,
une bouteille de Saint-Péray mousseux »; c'est le
bouquet ! — Le teint s'anime, les voix s'échauf-
fent: le bon temps !... Et la Régie a tort.

Le Sous-Directeur a une autre face qu'il faut
noter. L'emploi est récent, tiendra-t-il ? J'en doute.
Il est, dans certain cas, attaché à une direction de
département importante. Là il n'a son utilité que
comme *l'alter ego* du Directeur. Cela veut dire
qu'à son gré le Directeur peut s'absenter, s'isoler,
s'abstenir, et la chose va toute seule. M. le Sous-
Directeur a la signature, la triture des affaires,
l'initiative, et, par déférence, consulte de temps
en temps son chef qui opine du paraphe devant
une solution toute faite.

Le Sous-Directeur, dans ce rôle chargé, laborieux, perd sa personnalité. Il n'a plus qu'un titre
honorifique en quelque sorte, lequel, toutefois,
compte pour l'avancement, ce qui est l'essentiel.
C'est un premier commis hors ligne, ou, pour
mieux dire, hors cadre. En dehors des bureaux, il
peut vivre chez lui en bon père de famille, voire en
garçon, suivant son état social, sans aucune obligation de représentation. Il n'a de valeur acquise
qu'auprès du personnel qu'il dirige de fait et avec

lequel il est généralement en excellents rapports.

Des nuances dans les Directeurs d'arrondissement que dirais-je ?

Le méthodique. — Ancien 1er Commis de direction. — Ce sont les plus nombreux. — Range,
cartonne, étiquette, enliasse et suit la confection
des états de trimestre auxquels il met la main dans
les chefs-lieux de peu d'importance où il y a pénu-
rie de commis. Dans ce cas, il est grognon, peu
abordable et regrette son inspection et le grand air.

L'insouciant. — Pêche à la ligne le jour et table
au bézi le soir au cercle ou au café : « Ça ira
comme ça pourra », c'est son mot. Il y a toujours
un manœuvre qui travaille, ne serait-ce qu'un
Préposé détaché, pauvre diable qui rêve d'être un
jour Commis à 1,400 fr., rêve doré, insaisissable.
Celui-là, dans l'échelle renversée que proposait
un Surnuméraire tendant à attribuer aux débutants
les plus gros traitements, et *vice versa*, mériterait
de toucher les appointements du Directeur.

L'ancien viveur décavé, décati, au rire bête,
sans mœurs, parvenu à force de souplesse et de
compromis, de procès criants, rapace en réparti-
tions. — Un voile sur ce produit, heureusement
rare, de la faveur d'un chef.

En somme, tous ou presque tous, recommandables, hommes du monde en même temps que de Régie, faisant honneur au corps, et maintenant avec tact et dévouement cette considération essentielle au fonctionnement de l'impôt.

Le Sous-Directeur, — j'aime mieux dire le Directeur d'arrondissement, — a une position délicate. Tenant au Sous-Préfet par l'attache ministérielle; au Conseil municipal par l'octroi; au public par tous les pores de la fiscalité, il doit rester indépendant et digne. Convenable et poli, sinon en rapports intimes avec l'autorité, il évitera de se mêler aux dissentiments politiques, d'épouser tel ou tel parti, soit en usant de la presse locale, soit en commentant ou en sondant les décisions de l'édilité. Sa mission de répression en matière de fraude, lui donne une force qu'il saura ménager. — Admettre des tempéraments sans faire de concession, là est le secret de son initiative. Que chez lui la forme prime le droit : j'estime que cette variante de la phrase tristement célèbre devrait lui servir de devise.

Signe particulier : est souvent mal avec son Receveur principal.

A l'heure où nous mettons sous presse (comme on dit dans les journaux, — *voir aux dernières nouvelles*), on annonce que les sous-directions, pour la plupart, ont vécu, et que les sous-préfectures sont menacées du même sort. Tant il est vrai que tout prestige s'éteint tôt ou tard, fût-il divisionnaire.

Aux Sous-Préfets nos doléances; aux Sous-Directeurs nos regrets les plus sympathiques.

Les bureaux sont fermés.

P. 119.

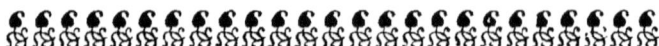

LE DIRECTEUR

Nous voici rendu au haut de l'échelle. Petits qui gravissez, moyens qui grossissez et vous forts en thème fiscal, agrégés ès-Régie qui tendez au fauteuil départemental, saluez Monsieur le Directeur.

Il est là dans son cabinet, rasé de frais, grisonnant, l'œil scrutateur, la redingote noire boutonnée ornée d'un mince ruban rouge, correct, affable. C'est l'homme aux façons polies sous lesquelles se retranche la loi qu'il rend anodine ou répressive, suivant, en matière contentieuse, qu'il reconnaisse ou non l'intention de fraude.

Discutant, traitant avec les intéressés, sans opinion préconçue, les questions industrielles dans leurs rapports avec la taxe exigible, le Directeur, mûri par l'expérience, a la prescience des difficultés qu'il doit délier. Il ne craint pas, d'ailleurs, de s'appuyer de l'avis d'un chef de bureau, de provoquer des conférences auxquelles assistent le Sous-Directeur, les Inspecteurs, des sous-ordres même dont la spécialité peut être utile à la discussion.

La direction est le centre des décisions importantes, soit qu'elles concernent le chef-lieu du département, ou la circonscription qui s'y rattache, soit qu'elles aient trait aux divisions d'arrondissement.

Cela acquis, il est juste de dire que la prépondérance du Directeur est due essentiellement à ses relations avec les autorités administratives, le Préfet, les chefs de service de l'enregistrement, des contributions directes, des ponts et chaussées, des postes et télégraphes, la trésorerie, le conseil général, la municipalité et la députation du département.

Le Directeur est l'homme en vue, le représentant officiel vers qui converge ce grand service des Contributions indirectes dont nous avons énuméré les branches multiples.

Prépondérant, avons-nous dit, le chef du département. Mais il a ses détracteurs et ses juges à l'Administration centrale. Entre elle et lui la lutte est constante. Quand nous aborderons le foyer de

haute sanction qui s'alimente au Ministère, la force
motrice de nos finances, nous parlerons des
faiseurs, la plaie de la Régie, ces petits messieurs
qui rêvent les complications, multiplient la paperasserie et contrecarrent de parti pris l'initiative
des divisionnaires de la province !

La province : — le mot se dit, au grand cénacle,
sur le ton ironique du Parisien souriant devant la
gaucherie provinciale. — Nul n'est dans le vrai
s'il ne s'inspire du verbe venu d'en haut.

Et le plus singulier, c'est que le Directeur qui a
lui-même dispensé cette parole immuable, alors
qu'il faisait partie de la phalange privilégiée,
sorti des rangs pour dominer la gent pratique qui
butine l'impôt, reconnaît l'inanité de la bureaucratie dont il était un des ornements favoris et se
met à combattre les errements qu'il a préconisés.

Tant il est vrai que la théorie étant un mot et
la pratique un fait, la théorie devrait suivre et
non précéder la pratique.

Il y a bien des choses ainsi qui sautent aux
yeux, des interprétations fausses qu'on ne redresse
pas. — Pourquoi ? — Par cette raison d'inertie
tant décriée cependant : la routine.

Et puis, les esprits gravitent dans le même

cercle... le cercle vicieux des impôts de consommation. Comment blâmer les Indirects? Ce centre
est leur terrain, leur vie. Moutons de la *taxe* qui
est leur champ, ils broutent parqués dans ce
centre ; et les plus malins s'ingénient à mâchonner
l'herbe en plus petits brins pour s'attarder en un
menu régal et prolonger leur séjour au pacage.

Ces réflexions nous mèneraient tout uniment à
la réforme que l'on poursuit et à laquelle la
Régie elle-même se dispose à prêter le flanc,
hélas ! pour vivre.

Et j'en connais, des Directeurs, qui, depuis
longtemps, ont leur petit plan de campagne, en
prévision de la débacle. Voici qu'ils le dévoilent.
— Suppression de l'exercice, c'est entendu, elle est
dans l'air, mais comment faire ? remplacement de
l'exercice par la taxe unique, disons inique, celle
qui applique aux simples consommateurs le
même droit qu'aux débitants, lesquels vendent leurs
boissons dont ils tirent profit, tandis que les
premiers se contentent de les consommer sans
profit, que je sache, — au contraire ; — d'autres
ont l'idée, mort-née tant elle a été discutée,
repoussée, condamnée, dès son éclosion, d'imposer à la fabrication, au lieu de récolte, les vins,

cidres et spiritueux. — Quels cris de réprobation
j'entends déjà au clan des propriétaires récoltants !

Puis, la surtaxe sur les alcools, le projet
ministériel, — facile, celui-là, mais criant, on
verra. Quelques-uns veulent l'impôt *ad valorem* ;
ceux-ci, la taxe au degré sur les vins, reporter tout
à l'alcool. —- Il y a du bon dans cette idée-là,
mais la pratique ? La pratique, n'est-ce pas le système de l'octroi, à pesée continue ? Et l'octroi,
sans l'entrée, dans nos campagnes ? D'aucuns
objectent que ce serait encore l'exercice, si ce
n'est pis.

Que de remaniements, d'exhaussements et de
dégrèvements, de modifications, pour aboutir à
des demi-mesures !

Et le siècle s'écoulera, d'autres peut-être, et les
hommes changeront, et nous resterons dans le cercle que je décris.

Que voulez-vous ? serait-ce le cas d'exposer mon
système à moi ? Qui y croirait ? — car j'ai mon
système aussi. Vous avez bien le vôtre, écono-
mistes, mes frères ! — Ah ! par exemple, il est
radical, le mien. J'estime que les Régies devraient
se condenser, s'unifier et, puisque impôt il y a,
qu'une seule administration fiscale suffirait :

transformer, fusionner, appliquer la taxe d'une
façon uniforme, non plus sur les objets de consommation, mais sur l'*Avoir* de chacun, qu'il soit
capital ou revenu ; déplacer ainsi l'assiette de
l'impôt, tout en sauvegardant les positions acquises ; réduire l'enregistrement à un simple droit
de transcription.

Grave réforme. Transformation qui effraie
et qui cependant est dans l'air !

L'impôt de l'avenir, oserais-je dire... à titre
d'étude, du moins.

Mais les Contributions indirectes ?

Oh ! mes croquis, types que j'esquisse, que
devenez-vous ?

Que sont devenus les Cent-Gardes et la garde
impériale ?

— La garde républicaine.

Avec ou sans barbe, types, mes amis, vous
reparaîtrez.

★
★ ★

Et le cher Directeur a une femme excellente,
toute prévenante et gracieuse. Elle fait à ravir
les honneurs de son salon. On y saute, on y

chante au piano, et, ce qui est non moins agréable,
on y cause. Ah ! les bons petits dîners sans céré-
monie, la pâtisserie de Madame, le Beaugency à
l'ordinaire, le fin Corton les jours d'extras, la volaille du poulailler qu'effarouche *Thisbé*, l'épagneul anglais ; les cigares choisis sous la tonnelle,
les soirs d'été. On parle de Paris, des théâtres, des
concerts, de la pièce d'hier : *Le Bonheur conjugal.*

— Il n'est pas seulement au Gymnase. — L'on a un
grand fils aimant, spirituel; on fait des rêves pour
le jeune ménage, déjà : des petits enfants qui sau-
teront sur les genoux, qui rouleront dans le sable
avec le gobelet et la pelle. *Thisbé* qui lèche
les menottes à bébé !... Enfantillages ! oui, mais
les mamans sont si heureuses de ces joies naïves,
et les papas, ces grands enfants !

Que le Directeur soit compassé, froid, d'un abord
sévère, la glace se fond aux intimités de la famille.
Les moins communicatifs se dérident aux souvenirs de la camaraderie.

Et ! puis ce sont les commentateurs, les chercheurs de petite bête, les frondeurs, le Directeur
aux goûts artistiques, officier de la Légion d'honneur, — de l'esprit, de l'esprit encore, et ce cachet
de distinction qui rehausse l'homme public, —

les inflexibles, les débonnaires. J'en citerais
vingt, je m'arrête à l'un des meilleurs. S'il est
une ombre au tableau, que d'autres la signalent.

Mon Directeur est célibataire. Moins homme
de salon que de cabinet, sérieux et réfléchi, il fut
autrefois publiciste, a des lettres et s'est dévoué à
la Régie à laquelle il donne tout son temps. Administrateur pratique, il s'est élevé par son travail
aux plus hautes fonctions sans avoir un écart à se
reprocher, une concession à désavouer. Modeste,
d'un caractère conciliant, indulgent et ferme, on
l'a vu, dans des passes critiques et périlleuses,
assurer courageusement les droits menacés. Sa
droiture lui a fait des ennemis : il est resté fort de
sa conscience et inébranlable dans la voie du
devoir. Heureux suis-je, dans la galerie que je
dépeins, de citer cet exemple de haute honorabilité.

Personne !...

P. 127.

L'ADMINISTRATION CENTRALE

COMMIS PRINCIPAUX

ET COMMIS

— Monsieur des Orties?

— 3me étage, 87, corridor C.

Et vous saluez le garçon de bureau qui fait des cocottes sur du papier bulle, son garde-main, ou il lit le *Petit Journal*, et vous montez, montez....

Le garçon de bureau est un type qui a son importance. Qui ne le sait? Pourquoi n'en dirais-je pas un mot?

Il varie à chaque étage, non de livrée, mais de physionomie, d'allure; je ne veux pas dire qu'il ait cet abord insolent que l'on reproche à certain spécimen de la corporation. Aux Finances, côté des Indirects, il a presque de la rondeur et du sans-

gêne; il est plus familier que hautain. Tel maître
— n'ajoutons pas tel valet, — de valet il n'est
pas question, la domesticité est reléguée aux
communs et n'apparaît qu'aux heures où les
bureaux sont déserts, tel maître, tel serviteur....

Le garçon de bureau est l'introducteur des gens
en visite : personnages officiels, amis et connaissances, voire des pauvres hères.

— Monsieur le Sénateur, veuillez vous donner la peine de vous asseoir.

— Monsieur le Directeur, si le visiteur est de
la famille, veuillez, je vous prie, me remettre
votre carte...

— Monsieur le Commis principal.... Monsieur.... Madame.... Chacun a son tour.

Le garçon de bureau est poli. Il ne lui déplaît
pas de lier conversation. Il vous parlera de sa
petite famille.

Il s'est marié récemment, un peu tard. Que
voulez-vous ? il a fait un congé, deux congés
même pour aider la mère, et il a trouvé une
bonne ouvrière, rangée, sage. On vivote. La
gratification approche et le bébé aussi. M. le
chef peut être tranquille, rien ne transpirera des
petits secrets du bureau, si tant est que le fidèle

gardien en ait saisi au vol quelques bribes.

Au 1ᵉʳ étage, un peu de morgue, la cravate blanche, le mot d'ordre difficile à rompre ; un peu plus haut, la consigne se relâche : un patient qui découpe du bois et fait des cages avec ornements dentelés ; ici et là un bonhomme qui copie des rôles, absorbé, soucieux, misère inavouée peut-être ; un conciliabule qui chuchote et s'anime, indifférent au public qui circule et cherche sa voie ; dans un coin obscur, la consigne est de ronfler. — Sourions en passant.

3ᵐᵉ étage, 87. Entrons.... personne... un chapeau sur une liasse de journaux d'Inspecteurs ; dans un renfoncement d'alcôve, deux patères, un chapeau encore, un pardessus, et dans cette cellule mansardée, à pans irréguliers, une odeur âcre de fumée, des bouts de cigarettes épars, un vieux fauteuil au bureau principal et trois chaises, dont une à la table du sous-ordre, les deux autres encombrées de dossiers, le désordre voulu un peu partout ; une blague, un paquet de « 50 c. » de la Régie, des plumes mêlées aux pipes, une lettre, un rapport commencé, un *Saillet et Olibo*, et *Trescaze* grand ouvert et, l'Annuaire pointé, annoté sur un coin de table.

Attendons... rien... Le garçon de bureau......
introuvable. Frappons à côté.

Deux Messieurs bien ; l'un coiffé d'une toque, un
vieux — non, pas celui-là, un jeune, barbe brune
en pointe, cravaté de frais.

— M. des Orties, s'il vous plaît. — Pourriez-
vous m'indiquer où je le trouverais ?...

— Il doit être chez le Chef 64... 2ᵐᵉ étage... Ah !
il y a conférence... Donnez-vous donc la peine de
vous asseoir. Monsieur, si vous le permettez, je
vais voir... Et le beau brun disparaît.

Il ne revient plus. Le visiteur se lève, salue le
vieux Monsieur qui n'a pas dit un mot, et fait les
cent pas dans le couloir. On ouvre des portes ;
des commis, tête nue, entrent et sortent, pressés,
se croisent, se font un signe amical, disparaissent
un papier à la main, reparaissent ; un grand
Monsieur sec, égaré dans le dédale du Ministère,
le chapeau vissé à la tête, la redingote boutonnée,
décoré, un officier en retraite sans doute, se
promène, mâchonnant sa moustache, agité, mau-
gréant dans l'ombre. — On n'y voit rien là-haut.

— Tout à coup revient le jeune barbu : « Désolé,
Monsieur, je n'ai pu le rencontrer. Il est d'habitude à son bureau à onze heures, on ne l'a pas vu......

Il sera certainement ici demain, à cette heure... »

— Mais son collègue ?

— Il est malade.

— Cependant, il y a deux chapeaux...

— J'ai bien l'honneur de vous saluer, dit l'élégant qui disparaît cette fois par une porte entr'ouverte pour ne plus revenir, et le visiteur rentre au 87 où il dépose sa carte.

Voilà le Commis rédacteur, un Directeur en herbe, un homme distingué, qu'on ne voit presque jamais. Si par hasard on le trouve un jour à son bureau :

— Eh ! bonjour, cher, ça va bien ? (Le téléphone fait un appel.)

— Diable ! voilà l'Administrateur qui me fait appeler... excusez-moi... mes amitiés chez vous.

— Madame, comment va-t-elle ?

— Et le fils ?

— Très bien (sort le Commis principal).

Mais ce n'est pas un portrait cela, même vu de dos, — c'est un mythe que vous nous esquissez.

Ma foi, vous m'en demandez trop, je décris.

— Des types ? vous voulez des types ?

On dit que les Indirects sont là, dans un coin du Ministère, un noyau d'esprits-forts ; qu'ils for-

ment une petite église qui a ses dogmes, ses
errements inattaquables. Avant tout, il faut être
rédacteur, dans ce cercle à part, écrire vite et bien,
élaborer des rapports substantiels sur les distilleries, les sucres, les sels; traiter du houblon, de
la diastase, des pulpes et du ferment; étendre cela
en longues phrases liées habilement et faire copier
lisiblement pour le Chef. Bien présentée, écrite
correctement, la copie passera et deviendra *circulaire* numérotée, officielle. Reste au commun
des administrés à commenter, relire, chercher le
fond et interroger la forme. Et s'il réclame quelques explications : « La lettre, Monsieur, la lettre.
Suivez l'instruction. »

Le rédacteur, à l'Administration, a son ambition. Qui l'en blâmerait? Il veut parvenir. Parvenir à quoi ? S'il est obséquieux, insinuant, très
parleur, le Commis faiseur fera son trou, qu'il
agrandira peu à peu comme le lapin domestique
qui tend à brouter au dehors le serpolet avoisi-
nant les garennes, et de ses pattes impatiente
soulèvera, remuera la terre qui l'entoure : la paperasserie. Il inventera des barêmes, edifiera des
colonnes de chiffres, trouvera des quotients ingénieux, accumulera la statistique, et fera miroiter

le tout aux yeux éblouis du haut Personnel dirigeant. Dès lors il est classé, coté et en ligne pour
l'avancement. A ses côtés *pioche* le Commis timide
et hésitant, ou papillonne l'insouciant.

Là, comme partout, rivalités, plaintes et pré-
ventions, injustices peut-être, mais, avant toutes
visées, l'instinct de la conservation.

Non..., mon rapport dit tout.

CHEFS & SOUS-CHEFS

DE BUREAU

Si je faisais de la Régie pure, j'énumérerais les
défauts et les qualités de MM. les Chefs et Sous-
Chefs de bureau. Je parlerais surtout de leur
mérite, que nul ne conteste, et élèverais à chacun
d'eux un piédestal de moyenne grandeur au-
dessus duquel se prélasserait un personnage un
peu bonhomme, content de lui et de son rôle administratif, pas collet monté, mais naïf, naïf en
sa croyance aveugle à la panacée qu'il cultive de
11 à 4 heures consacrées aux plates-bandes budgétaires.

Oui, mais je ne fais pas de Régie au point de
vue technique. Je glane et j'effleure, et j'ai ce
travers de ne pas prendre trop au sérieux les
grands maîtres de la production.

Produire, là est le criterium du Chef ; con-

damné à produire sans cesse, il est comme
la poule : il pond, il doit pondre, sinon.....
sinon il devient poularde, il engraisse et prend
des rides et voit les poulets pattus, têtus et rétus,
sauter à deux pattes par-dessus son perchoir et
s'ébattre au soleil sous l'œil du coq qui les protège de son aile.

C'est une obligation inhérente à l'emploi, —
un besoin urgent d'attacher son nom à une circulaire, à une lettre commune, quelquefois une
manie. A ce dur métier on sue sang et encre. Le
faisant fonction est tenu de produire plus que les
autres. Il fonctionne et refonctionne.

C'est quand une loi a été édictée qu'il faut voir
à la besogne la gent bureaucratique, Chef en tête.
La circulaire, on le sait, est le commentaire de la
loi, le règlement administratif. Je suppose qu'une
loi ait cinq ou six paragraphes bien courts : l'instruction qui la commente a dix ou douze pages
très longues. A peine si vous reconnaîtriez le
canevas au dessin qui le charge. Les meilleures
plumes entrent en mouvement, c'est à qui répa-
rera le plus habilement possible ce que la loi a de
défectueux. Toute la rédaction est aux champs...
des interprétations.

Et cela est si vrai, — tiens, me voilà en pleine Régie, quoique j'en dise, mais ce ne sera pas pour longtemps, — cela est si vrai que lorsque, devant les tribunaux, l'Administration invoque ces fameuses circulaires élaborées avec tant de zèle :

— « Passez, maître Laporte, dit le Président, nous ne pouvons nous en référer à vos instructions. »

Et le Chef de bureau continue son œuvre impassiblement, incorrigiblement : c'est dans le sang. Il est toujours sur la machine administrative. Il chauffe, chauffe, à la faire éclater.

Je savais bien que lorsque j'arriverais à la tête des Indirects, ou mieux, au corps à vingt têtes qui les domine, j'éprouverais quelque hésitation. J'en suis là.

Douter de la science infuse, je devrais dire de *la lettre infuse*, si le mot était reçu ; de la lettre et de ses prophètes, quelle prétention !

Eh bien, je n'en doute pas, je m'incline. Messieurs les Chefs de bureau forment le rouage essentiel du char de l'État... où nous sommes en régie — un jeu de mot qui m'échappe. — Sans eux, voyez donc. Plus de mémoire au Civil, ces mémoires qui impatientent nos avoués, enchevê-

trent la procédure et engendrent une correspondance sans fin ; sans eux, plus de réponse aux
rapports des Contrôleurs, des Inspecteurs et des
Directeurs, réponse où s'étale l'érudition la plus
profonde; sans eux que de questions insolubles !

Les obligations des bouilleurs de crû ; l'appréciation des trempes et la durée de cuisson des
bières chez les brasseurs, soit qu'ils brassent à
malt clair ou à malt trouble ; la discussion des
transactions en fait de contentieux, leur rejet
motivé ou leur approbation, non sans un coup de
plume, — j'allais écrire un coup de patte aux ver-
balisants ; le trafic intérieur en matière de chemin de fer, les marchandises à imposer en cas de
bifurcation et de changement de ligne et les rap-
pels de droits assaisonnés d'une verte semonce
infligée au chef de service qui a contrôlé les écritures de la compagnie.

Je citerais bien d'autres méfaits relevés par
MM. les Chefs de bureau qui en feraient reconnaître
l'utilité incontestable. Gardiens des doctrines fiscales, ils en répandent l'essence *extra muros* sur
les têtes supérieures, lesquelles la secouent,
— (l'essence)—non sans en accentuer le parfum, sur
les moyennes et petites têtes dont elles disposent.

Je dirais... mais je ne parle pas de l'homme...

L'homme s'efface chez le Chef. Il n'a de valeur appréciable que dans son entourage. Il n'en est qu'un qui ait une situation exceptionnelle : c'est le Chef du Personnel. Celui-là vaut bien sa plaquette, et il l'aura, ne lui en déplaise, dans la forme la plus courtoise, mais sans flatterie ni condescendance. Nous n'avons pas même une faveur à lui demander.

Quelle belle figure nous avons vue au fauteuil du Chef de bureau, hélas! disparue, dans un bureau voisin du Personnel. — Quelle tête vénérable au regard fin, non sans malice, aux cheveux longs et rares et blanchis sous les années, ajouterai-je par les soucis, oui, les soucis de l'homme intègre et droit qui voit, comme une tache d'huile, s'étendre le favoritisme et l'injustice dont il ne peut arrêter les effets ! Resté debout, seul d'une race éteinte, jusqu'à la dernière heure, il s'est montré digne de lui, digne de l'estime dont il a joui; indépendant d'opinion, franc de parler, d'une aménité parfaite, il rehaussa son grade pour ainsi dire par le caractère qu'il y imprima.

Refusa-t-il le poste d'Administrateur? Je ne sais.

Sa loyale opposition aux mesures imposées
ouvent par la politique lui ferma-t-elle l'accès du
Conseil de l'Administration ? Je serais plus disposé
à le croire. Toujours est-il qu'il resta inflexible
sur le point d'honneur, l'honneur du fonctionnaire, à quelque échelon qu'il ait atteint ; que sa
vie administrative fut un exemple, sa parole
un appui sûr et sans faiblesse, son amitié un
bienfait.

Après ce portrait vrai de l'homme de bien doublé du praticien sagace, tout d'une pièce, qu'a-
jouterai-je des Chefs de bureau, ses collègues ?
L'éloge est sous ma plume plutôt que la critique.
Victimes et complices de la tradition, l'un l'exagère,
l'autre l'observe scrupuleusement. Et puis, croient-
ils bien, ces Messieurs, à ce qu'ils rappellent et
commentent dans leur correspondance, soit qu'ils
professent sur des données officielles ou qu'ils
tirent la mouture imposable de leur propre fonds ?
La machine administrative a des rouages organisés : l'impulsion étant donnée, la force motrice
mise en mouvement, le métier marche.

Le Chef de bureau est le contre-maître qui
ralentit ou accélère le travail, le dirige, sauf la
sanction de pure forme du Chef divisionnaire

dont nous aurons à parler, mandat qui oblige et à l'accomplissement duquel il ne faillit jamais.

L'homme privé est perdu dans Paris, ou mieux ignoré, sinon de quelques intimes. Si, en province, dans les divers services, nous avons pu juger les types que nous nous sommes permis d'esquisser, à Paris ils nous échappent complète-ment.

Aussi n'avons-nous pris du Chef de bureau que le côté professionnel, vu à distance, nous sentant d'ailleurs, des mieux disposé, à part quelque critique dont nous n'avons nullement à regretter l'expression, à l'égard du fonctionnaire laborieux à ses heures, un peu routinier, nous avons dit le mot, teinté d'aristocratie au point de vue du service général, mais, de près, serviable et affable et portant haut l'esprit de corps, sauvegarde du fisc tant assiégé.

Priez d'attendre.

P. 143.

LE CHEF DU PERSONNEL

— Croyez, cher Monsieur, à toute ma discrétion......

Et nous nous séparâmes. Je serrai la main de
mon interlocuteur, un homme fort gracieux, qui
me fit un petit salut amical.

— Surtout, me dit-il en me quittant, que cela
soit entre nous...

Entre nous. — La discrétion d'un publiciste!

Eh bien! oui, je veux être discret. En fait de
personnel, on ne saurait trop l'être. Le passé du
fonctionnaire est là tout entier, dans un dossier
que le Chef du Personnel a sous la main. — Sous
la main, pas toujours. Que de fois il passe d'un
étage à l'autre, et les cartons qui le renferment
restent à la disposition des employés dans des
bureaux où le public a libre accès.

Si j'étais appelé à donner mon avis dans l'espèce, comme on dit en Régie, je proposerais, si ce

n'est fait, et j'en doute, de renfermer les dossiers sous clé dans des casiers *ad hoc*, à moins que chacun d'eux n'ait sa serviette hermétiquement close.

Que l'on n'objecte pas la dépense, cela n'est qu'un détail : quels frais ne fait-on pas pour des choses moins utiles ? — J'ajoute que le Chef de bureau seul, ou, en son absence, le Sous-chef, aurait les clés de ces casiers.

Mais je n'ai pas à entrer dans l'aménagement du matériel qui est d'ordre intérieur, au Personnel; c'est au Chef que je m'attache, à celui qui dispose du sort des employés et qui doit ménager la balance entre les élus : celui-ci au choix, cet autre à l'ancienneté; l'un se recommandant de services exceptionnels, l'autre, d'un acte de courage, mission délicate !

Les solliciteurs affluent, les députés sont pressants. — Un officier supérieur réclame la recette de Belmont-les-Orges pour un Commis adjoint qu'il a vu au feu, dans le temps, et dont il invoque les titres militaires, excellent employé, du reste, comme ils le sont presque tous, ces braves passés Commis.

— Mais l'ancienneté? mon général.

— Eh ! nous faisions, nous, des chefs d'esca-
dron à 26 ans.....

Une note de M. le Ministre, — à répondre.

Une dame voilée, jolie, parfum discret, air
confus, voix émue, la voilette soulevée à demi.

— Mon mari a sept ans de grade bientôt. Ne
puis-je espérer, Monsieur le Chef du Personnel....

— Veuillez prendre patience, Madame ; il est
en ligne, et...

Alors la dame a relevé tout à fait sa voilette, et le
chapitre des doléances commence et des confidences de ménage, l'éducation des enfants et ce
menu chapelet tant de fois égrené....

Un Sénateur replet, ventru, chauve et tranchant.

— M. le Chef du Personnel, il me faut le
contrôle de ***. J'ai la promesse du sous-secrétaire
d'Etat, nous avons notre homme, — question
électorale, — faites-moi donc le plaisir.....

(Entre un Administrateur.) — Vous savez, mon
cher, nous réservons le Lot. Je tiens à cette
inspection pour***... Nous en parlerons au Conseil.

Puis, le courrier : des piles de chemises et
d'imprimés, de longues lettres à en-tête administratif, un, deux visiteurs, des intimes, le Sous-

Chef, le Commis d'ordre entourent le bureau du
Chef qui signe, signe et jette un coup d'œil rapide
sur telle lettre dont il connaît l'importance, — on
s'est entretenu d'avance du cas, — affaire grave,
rébellion, appel à la force publique : « Ménageons
ces braves gens. » Plus loin : des cancans,
histoire de femme, passons; vous lui lavez la tête,
très bien. « Ah! la permutation de***... l'intérêt du
service, *il le fallait* ! » « Trop long le rapport de
l'Inspecteur, trop vert, pourquoi envenimer?
Rien de la politique, une simple réprimande. »

Et il feuillette, feuillette et signe encore...

Un naïf me demandait si tel Administrateur
encombré chaque jour de dossiers et de correspondance lisait tout, vérifiait tout et ne signait
qu'après s'être rendu compte des moindres pièces
qui lui passent sous les yeux. Répondons à ce consciencieux questionneur que le haut fonctionnaire
civil ou militaire est doué d'une double vue que
lui a donnée la pratique des choses ; qu'un mot
dans un pli quelconque lui suffit pour en con-
naître et en apprécier la substance; qu'il a à
peine touché du doigt, perçu de l'œil un papier
soumis à sa griffe, qu'il l'a analysé, jugé et sanc-
tionné, fût-il chiffré.

C'est un don que l'on peut méconnaître: l'incrédule en rira, mais il existe, il est patent, à ce point que, dans une pièce comptable, au milieu d'une colonne de chiffres, s'il y a une erreur minime, il la saisira, la relèvera et la signalera à qui de droit, séance tenante. Manque-t-il, dans une requête, une formule, une expression obligée ? il a vu la lacune, et ainsi de tout document qu'il contrôle.

Voilà comment il peut signer sans lire.

A l'œuvre on juge la personnalité. Que le Chef du Personnel ait l'abord froid et sévère ; qu'il jouisse de cet air bonhomme qui lui vaut la sympathie de tous, ou qu'il se drape dans une morgue prétentieuse, laquelle accuse toujours la petitesse d'esprit du titulaire ; qu'il soit un peu paysan du Danube, franc d'allure, pas flatteur, un des meilleurs types ; qu'il se laisse déborder par son entourage, — on a vu, m'a-t-on dit, un Chef du Personnel en quatre personnes ; — qu'il soit dévoué au sous-secrétaire d'Etat des Finances ou simplement le serviteur très humble du Directeur général, qu'il subisse la pression des Directeurs de département, je ne veux, dans cette étude, que juger l'effet, sinon la cause.

Dans toute représentation il faut voir le public :
le plus souvent c'est la pièce que l'on regarde. La
pièce ici se joue dans la coulisse. La coulisse,
nous l'avons indiquée, c'est ce cabinet où s'agite
le va-et-vient des recommandants directs et indirects qui tiraillent le machiniste, — le machiniste
esclave du décorateur, du directeur et des auteurs.
— En vain se cantonne-t-il, le chef machiniste,
dans l'agencement de ses trucs et la tradition pure
des lois de l'équilibre, en vain il assemble ses fils
et les dispose pour assurer ses jeux de scène, voilà
que tout à coup le directeur ou les directeurs en
intervertissent l'ordre et que les auteurs (lisez solliciteurs) exigent du praticien des remaniements
et des raccords imprévus.

C'est alors que l'ordonnateur des mouvements,
disons le Chef du Personnel, est tenu de résister et
qu'il a besoin de tout le tact d'un diplomate, car,
en dehors de la scène et des personnages qui la régis-
sent, ne l'oublions pas, il y a le public. Le public,
c'est toi, pauvre employé déshérité, qui nuit et jour
est voué à une tâche ingrate et laborieuse. Si tes
titres sont méconnus, si nul n'est soucieux de tes
intérêts, quel sort t'attend là-bas aux rocs pyré-
néens, dans les terres sablonneuses de l'Aunis, aux

abords des marais Bressans, ou dans ta chau-
mine isolée, sous la fumée âcre des sucreries du
Nord?

Le public, c'est toi, Commis en butte aux sarcasmes des oisifs, au comptoir d'un cabaret, à la table
de gens avinés, sous la pluie, dans les sentiers
poudreux, ballotté dans quelque véhicule démodé
au petit trot d'un maigre *locati* ; le public, c'est
aussi la femme qui ravaude les hardes du Préposé
et fait la soupe aux petits ; c'est le Receveur, les
poches pleines de l'argent qu'il a arraché pour
l'impôt aux plus récalcitrants, parcelle du Trésor
sacrée pour lui ; le public, c'est toute cette grande
famille nécessiteuse qui naît, grandit et meurt
sous l'aile de l'Etat à qui elle donne ses sueurs et
son sang.

Voilà ce que doit avoir sous les yeux, à toute
heure, le Chef du Personnel. Il a charge d'âmes,
il en a conscience et il lutte contre les influences
qui le harcèlent.

Qu'importe son aspect glacial, s'il est juste et
droit ! Oh ! je le sais, pour les subordonnés qui
se hasardent, à une heure d'audience, auprès du
dispensateur des grades, et qui des yeux l'interro-
gent sur leur sort, timides, hésitants, une parole

d'encouragement, un sourire indulgent font tant
de bien, et je plains l'homme dont ils implorent la
bienveillance, qui n'a pas cette légère consolation
à donner à l'humble quémandeur dont il ne peut
réaliser les désirs souvent si légitimes.

Mais ce type est rare, et s'il apparut au fauteuil du Chef, décourageant et sec, ou repous-
sant d'un mot bref requêtes et gens, répandant
un froid autour de lui, son souvenir n'a laissé
qu'une trace regrettable bientôt effacée et rendant
plus appréciable la mansuétude de ses succces-
seurs.

Le Chef du Personnel est l'homme de la Régie
qui aurait le plus à administrer l'eau bénite de cour,
ce spécifique qui guérit les maux présents, futurs....
Appliquée à dose minime, elle soulage, et le client
pansé se retire léger d'humeur, l'esprit dégagé, le
cœur en joie. Seulement, quelques jours, quelques
mois après, comme l'agent déçu s'aperçoit que le
remède n'a pas fait d'effet, et que c'est à recommencer, quand l'eau bénite est éventée, le Chef
du Personnel, à son grand regret, est tenu de se
montrer sobre du spécifique dont il s'agit, plus
empirique que merveilleux.

J'ai dit. J'ai ménagé l'homme jugeant sa mission grave, plaidant pour les humbles et pour les pauvres : que ma critique vous soit légère, Messieurs du haut aréopage !

Rêve à sa prochaine circulaire.

P. 153.

L'ADMINISTRATEUR

L'Administrateur, dont certains critiques ont contesté l'utilité, va devenir plus que jamais, par ce temps de remaniement, d'épuration et de réformes, le haut engrenage sur qui reposera la machine ébranlée du système fiscal.

C'est lui qui prépare les circulaires, les ordres de service, et qui donne l'impulsion sur toute la ligne.

On a vu des Administrateurs portés par la faveur à leur poste éminent. Ceux-là cherchent généralement à faire oublier leur origine par une courtoisie parfaite, et ne prennent guère de décisions sur les questions techniques sans avoir l'avis de leurs sous-ordres avec qui ils les commentent pour les reproduire, de leur chef, non sans ratures voulues, sous forme de rapports officiels. L'homme n'est pas parfait, on peut errer même dans ce que l'on ignore.

5*

Quelquefois..., le plus souvent, le Chef divisionnaire doit son emploi à son seul mérite. Dans ce cas, fils de ses œuvres, ayant acquis péniblement ses grades, il n'est pas exempt d'un esprit d'autorité qu'il applique à la tâche lourde dont il a assumé la responsabilité. Il est peu aimable, mais piocheur. On en cite qui voulaient tout faire, accaparer tous les services, rédiger les projets de loi, distribuer à leur gré l'éloge et le blâme et, songeant aux prochains débats dont les Chambres devaient être saisies, bourrer le carnet du Directeur général de notes et de documents que ce dernier transmettait au Ministre pour servir aux discussions parlementaires. Ceux-là ont une grande influence sur la Régie.

L'Administrateur atteint rarement à la Direction générale. Il est vrai qu'on lui réserve parfois une sinécure dorée à la recette principale de la Seine.

— Sinécure! Eh! tout n'est pas profit dans cette aubaine! s'écrie un échaudé du poste. L'or, qui n'est une chimère que dans *Robert le Diable*, a des revers cruels, et il y a, dans la recette principale, à Paris, des responsabilités qui peuvent devenir fatales.

Mais laissons de côté l'avenir de l'Administrateur et contentons-nous de parler de sa personnalité.

Quand il n'est pas pris à la Direction générale, l'Administrateur vient, un beau jour, par le chemin de fer du Nord, ou par la ligne de l'Ouest, voire le P.-L.-M. C'est quelquefois un Directeur très expérimenté, ayant acquis dans son emploi la pratique des petites affaires et qui, blanchi dans les bureaux, retourne au gîte pour traiter les grandes. Le gîte, c'est l'Administration centrale, la petite église, d'où il est sorti. Ou bien il n'a pas quitté sa mère, s'est nourri de son lait, a grandi, sauté d'un bureau à l'autre, et se trouve à la tête d'une division, toujours chez sa mère l'Administration centrale. Le centre absorbe ses rayons comme le soleil, sans métaphore. — Il aspire et respire ses propres éléments.

L'Administrateur a une haute influence, il ne faut pas se le dissimuler. Il a souvent contre-carré et sapé le pouvoir du Directeur général. Il forme tête de ligne, et les groupes dissidents s'y rallient. C'est une puissance ; et s'il a acquis, dans sa carrière, ce qui est l'ordinaire, une somme de connaissances techniques et l'expérience appro-

fondie des questions administratives, il est bien
près de faire la loi dans le cénacle.

Les Administrateurs constituent le sénat d'un
petit gouvernement de 15.000 employés environ,
il faut compter avec eux. Le pouvoir exécutif s'y
est brisé parfois. Ils forment le Grand Conseil.

D'aucuns ont prétendu que ce Conseil n'était
qu'un mythe ; mais d'autres se sont aperçus de
sa vitalité et de ses effets. Je le répète, n'étant pas
dans les secrets de la Régie, et n'ayant pas eu la
prétention de m'y immiscer ni par indiscrétion,
ni par insinuation, je me fais l'écho de l'opinion
publique. Mes croquis sont pris au vol, et j'ai
voulu m'éloigner autant que possible de toute
critique qui pût froisser nos honorables.

L'Administrateur, pour la gent intéressée, du
plus petit au plus élevé en grade, a son prestige
que je respecte. Comme homme, il a ses faiblesses,
mais il est placé dans une sphère supérieure qui
lui permet de voir plus sainement et de juger avec
plus d'impartialité les compétitions dont il n'en-
tend que le bruit confus, sans s'arrêter aux
petites passions qui les suggèrent.

Quand le Chef divisionnaire est pris dans les
rangs de la Régie, élevé dans le dédale, il en

connaît les détours. Il les a suivis, se pliant aux sinuosités du terrain, aplanissant les voies rugueuses. Souvent il s'est arrêté indécis et a tourné tel obstacle qui gênait ses vues.

Il en fut un, m'a-t-on dit, — je parle de long-temps, — que ses attaches n'ont pu sauver du naufrage. Il allait toucher au but : la Direction générale. Ses genoux ont glissé, glissé. Puis, sans secousse apparente, habilement encore et souriant comme le diable arrosé d'eau bénite, il est re-tombé sur ses pieds, hors la lice, non rompu, mais endolori. Paix à ses regrets et à sa retraite ! Il a coloré ses actes, bons ou mauvais, d'un style pompeux à l'œil, vide au fond. Le type tient du bonhomme et de l'ambitieux. C'est du faux ver-nis. — Prenez garde à la peinture.

Le Chef de division est un élément utile au point de vue de la transformation de l'impôt qui est dans l'air. Mais la tâche sera rude. Car, que l'on ne s'y trompe pas, la vieille Régie a fait des petits très vivaces, très remuants, plus avides et plus tenaces que leur mère elle-même. Ces petits sont intraitables ; ils sont saturés de la lettre des circulaires dont ils ont exprimé le suc. Elèves du grand Maître, le père de la Régie, dont le fils aîné est mort à la peine, dignement, regretté de tous, ils défendront la place jusqu'à la dernière goutte de leur encre ; ils élèveront des barricades et tireront sur le peuple, sans merci, sans trêve, jusqu'à extinction.

Et l'Administrateur, dirigeant le feu, mourra sur la brèche !

J'examinerai avec intérêt...

P. 159.

LE DIRECTEUR GÉNÉRAL

Le Directeur général a un pied dans la politique. Son caractère administratif est mixte. Qu'il sorte ou non du cadre des Indirects, les influences qu'il subit lui tracent une ligne de conduite de laquelle il ne peut se départir. Conseiller d'Etat en service extraordinaire, commissaire du gouvernement, il appuie et discute les règlements administratifs et les propositions de loi, qu'il les ait élaborés lui-même, comme chef d'administration, ou qu'ils émanent de l'initiative ministérielle.

Occupé par des réceptions et des conférences multipliées, le Directeur général ne peut s'immiscer dans la pratique abstraite de la fiscalité que dans les cas graves, et il s'en rapporte, le plus souvent, pour traiter les questions ordinaires de service, aux Administrateurs, qui sont, en ce cas, la vraie force motrice de l'Administration. Il examine directement avec les Chefs de bureau les présentations pour les emplois divers en matière de personnel et en ce qui touche les recettes buralistes. Autrefois son autorité était omnipotente. Elle s'est beaucoup amoindrie depuis qu'au Ministère des Finances on a adjoint un Sous-Secrétaire d'Etat, qui contrôle les nominations et en décide en dernier ressort.

Il semble que par suite des discussions qui se sont élevées récemment à la Chambre, il est grandement question de supprimer ce *veto* administratif qui laisse en suspens et souvent brise ou modifie des situations intéressantes que les chefs hiérarchiques devraient seuls avoir à juger.

Mais bien sérieuse est cette introduction. Hâtons-nous de rentrer dans le ton mi-fantaisiste de nos études précédentes.

A tout seigneur, tout honneur..... Que dis-je? Voici que la parole est à la démocratie progressiste, socialiste, réaliste, possibiliste... Que d'épithètes pour une chose qui pourrait si bien s'en passer? Et il me plait de me faire l'interprète de cette démocratie qui déborde, et, en intervertissant l'ordre des grades, de provoquer les aspirations d'en bas pour les faire remonter au faîte d'où émane toute faveur.

L'aspirant entrevoit une oasis dans la plaine aride du fisc où vous trônez, ô Chef; semez de gazon vert la terre qu'il foule, et que ses premiers pas lui soient légers! Voyez cette phalange qui fourmille et grapille maigrement dans les marges du Budget : Préposés et Commis, adjoints et Receveurs, Contrôleurs attardés, Inspecteurs démontés, toute cette hiérarchie dont vous êtes l'anneau supérieur. Voyez sa détresse, écoutez les plaintes des femmes, les cris des enfants; secourez les pères, et soyez béni, ô vous qui passez au-dessus d'eux pour répandre la manne bienfaisante, et il vous sera beaucoup alloué parce que vous aurez beaucoup pardonné et largement gratifié les humbles!

Faites que les appointements s'élèvent et que les charges soient moindres. Non que nous vous demandions de hausser les salaires et de diminuer les heures de travail. Tout notre temps est à la Régie; nuit et jour nous la défendons, nous la protégeons et nous l'engraissons, hélas! et nous maigrissons! Faites, ô vous, qui avez accès aux délibérations législatives, que les retraites soient unifiées, que le soldat de l'impôt ait, dans sa ressource suprême, le même traitement que celui de

la guerre, seul moyen juste et légitime de nous con-
soler de la perte de notre caisse des retraites si riche
et si impitoyablement sacrifiée, confondue aujour-
d'hui avec celles des autres Régies financières sans
la moindre compensation. Revendiquez les droits
acquis de la vieille Régie, cette vache à lait du
budget, comme on l'a nommée familièrement,
que l'on trait sans cesse et qui sans cesse prête
son flanc inépuisable à la main du grand collec-
teur.

Là est la mission du Directeur général : inspirer l'interprétation bienveillante de la loi;
reviser, simplifier la lettre instructive; assurer la
répartition équitable des intérêts de toutes sortes;
maintenir haut et ferme le principe de l'impôt et
rehausser le personnel qui l'applique. Dans la
politique même, faire la part d'une fiscalité décriée
que doit protéger la force publique et ses agents
à tous les dégrés. Beau rôle! et noble mission!

Et les petits piétineront d'un pas plus allègre; et
la surveillance renaîtra avec la confiance en la
justice distributive émanant du chef, la surveillance et le zèle dans le devoir qui font fructifier
les éléments du Trésor.

Aplanissez, vous qui présidez aux Conseils

supérieurs, cette barrière qui sépare le service général du grand centre où siègent les privilégiés. A eux, disent hautement les agents de la province, tout avantage : l'avancement au choix sans distinction d'âge ni de temps de service, ou, du moins, dans une moyenne de proportion qui leur est propre, tandis que les nomades, à grade égal, restent en arrière de leurs collègues à plusieurs années de distance.

Qui provoquera le nivellement de l'avancement, si ce n'est celui qui le dispense? Et que de choses à modifier, à réglementer, à réprimer! Les Commis principaux, Chefs et Sous-Chefs, pris au cadre ministériel pour être dirigés sur tous les points de la France, les uns comme Inspecteurs, les autres comme Sous-Directeurs ou Directeurs, trop souvent inaptes aux fonctions actives et même à celles des directions départementales au point de vue des exigences pratiques du contrôle administratif, ne sachant que la lettre de l'instruction et n'ayant ni l'esprit ni la connaissance du métier, ignorant les premières notions de la recette principale, l'école supérieure de la comptabilité qu'ils auront à vérifier. Qu'on juge de leur embarras s'ils rencontrent, à leurs débuts, des sous-ordres étrangers eux-mêmes à cette partie du service!

Et cependant, pour qui sont les déceptions et les fatigues et les patientes recherches, les difficultés de l'emploi, si ce n'est pour les membres actifs de cette grande Administration qui rayonne de toutes parts, en butte à la rébellion, à la critique, et toujours debout, vaillante et digne, au milieu de la répulsion instinctive qui s'attache à l'impôt?

L'épuration! a-t-on dit. Mot impropre s'il s'applique à la politique. Croyez bien que la politique du personnel exerçant consiste avant tout à atteindre les produits imposables pour les frapper dans la mesure légale.

Et c'est là de la bonne politique. — Que dé méfaits, d'ailleurs, on commet sous couleur politique! Pour le fraudeur influent, un procès-verbal est un acte politique : vite une dénonciation. Le verbalisant doit être un ennemi du gouvernement. Le receveur buraliste a une place qui conviendrait au cousin du maire, c'est évidemment un adversaire politique. N'est-ce pas au Directeur général à soutenir, dans ces cas trop fréquents, son personnel? A ce point de vue, son influence devient la sauvegarde du service.

Mais parler de coupe réglée dans un personnel déjà trop restreint, et j'insiste sur le mot, — j'ai dit ailleurs qu'en matière de contributions indirectes, dans beaucoup de cas, notamment en ce qui touche le service actif, plus il y a d'agents, plus on a d'argent; — tailler à merci dans la gent fiscale, sous prétexte d'épuration, serait la plus fâcheuse mesure que l'on pût prendre.

De coupe réglée, mais n'est-ce pas à la bureaucratie qu'il faut en demander? Nous l'avons vu aux chapitres des Commis principaux, Chefs et Sous-Chefs de l'Administration centrale. C'est une manie, une rage d'élucubrations et de complications.....

La centralisation! Voilà le grand mot lâché! Eh! oui, centralisons, puisqu'il le faut en haut lieu d'où nous vient la lumière. Mais, voyez comme les rayons du grand centre se heurtent et se confondent avec ceux des petites circonférences qui ont aussi leur rayonnement, du chef-lieu de département aux chefs-lieux d'arrondissement, et de ceux-ci aux moindres communes. Eh bien! qui ne le sait? Les mêmes productions sont copiées, recopiées, analysées, transcrites en double, en triple, et retranscrites et reanalysées, quand

l'Inspection des Finances n'en demande pas des
extraits ou des doubles; et le tribunal et les
avoués et les avocats , dans les affaires liti-
gieuses, de nouveaux doubles et de nouveaux
extraits!

Voyons! dans cette forêt de papiers, qui por-
tera la hache ? Qui assignera des heures de travail
moins fantaisistes et mieux remplies à la bureaucratie?

Le Directeur général.

J'ai effleuré, esquissé simplement mon sujet.
A d'autres plus compétents à en tirer les consé-
quences et à en faire ressortir les réformes tant
attendues. Il ne me reste qu'à reconnaître, sans
faire de personnalité, la bonne volonté, l'aménité
ordinaire du Directeur général. Le rendre res-
ponsable des défectuosités d'un service qu'il n'a
pas organisé serait malséant et injuste. Le vice
est plus haut. Au moins peut-il apporter quelque
adoucissement au sort des employés méritants,
réglementer l'avancement de la façon la plus
bienveillante possible, et poursuivre surtout l'u-
nification des retraites, œuvre pie par excellence
et qui lui attirerait, de la part de ses administrés,
la plus chaude reconnaissance.

Je termine par ce vœu ; c'est honorer un chef que de plaider le bien-être des siens.

On parle peu des Indirects. Petites gens, pense-t-on. Petites gens ! oui, si la fonction fait la taille ; mais, braves gens et hauts de cœur. On ne les taxera pas, ceux-là, d'inutiles.

A vous, serviteurs méconnus, mes types administratifs.

A Monsieur le Directeur général tout hommage et mes très humbles excuses pour avoir ainsi chassé sur ses domaines.

Mais, convenons-en, que pourrait-on me reprocher ? quelques piétinements dans le champ de l'exercice ; à peine un froissement de terrain, une branche effeuillée; et de dégâts point. — C'est qu'aussi le champ est fécond, et la Régie a la vie dure !

As-tu soupé, Jacquot?

P. 169.

LE RECEVEUR BURALISTE

DÉBITANT DE TABAC

Il est multiple : le vieux gendarme, le receveur en retraite, le garde champêtre rhumatisé. — Les types abondent.

Voyez, celui-ci jardine. Il fait des boutures, sème du persil, plante ses laitues. Courbé sur sa bêche, il laisse à la femme le soin du bureau : celui-là fait son cent de piquet avec l'épicier, dans l'arrière-boutique enfumée. On *grille* une pipe, on se chamaille parfois ; le client qui survient dit son mot.

Mais j'ai toujours devant les yeux l'intérieur d'une recette buraliste, que l'on a pu voir au chapitre de l'Inspecteur. — C'est tout une étude ; et, n'en déplaise aux braves agents que j'estime et dont il me serait agréable de dire tout le bien possible, je demande à reproduire un type assez

5**

rare mais vrai que j'ai vu et observé à loisir, dût la critique qui s'y rattache faire ombre au tableau.

Un magot fume une pipe à long tuyau tourné en spirale autour de son corps. La forme de ce personnage grotesque est celle d'un œuf. L'œuf, peint en rouge, est surmonté d'une toute petite tête à joues pendantes avec des yeux qui louchent. C'est l'enseigne du débit de tabac du sieur Noirot.

Nous sommes en été. Noirot est debout dans son comptoir, papillotant des cornets. Il est seul, sa femme et sa fille sont à la promenade en compagnie d'une vieille voisine. — Histoire de prendre le frais! et de caqueter!

Notre homme a le teint bilieux, la face épatée et couturée de petite vérole. Quand sa bouche sourit, elle grimace. Ses yeux d'un bleu douteux sont à demi voilés de larges lunettes vertes qui s'affaissent d'elles-mêmes et laissent parfois un vide au rayon visuel. — C'est ce qui s'appelle regarder par-dessus ses lunettes. Ainsi fait maître Noirot. — Est-ce un tic ou une tactique? je ne sais. Beaucoup de gens envisagent ainsi ce qu'il leur plaît de voir. L'œil lance un regard furtif, puis il rentre dans son retranchement impénétrable. Une fois

là, on ruse, et pour peu que les lèvres n'accusent
rien de ce qu'il est prudent de taire, on défie l'obser-
vation et le va-et-vient du public.

La lampe n'est pas encore allumée. Bientôt je
vous montrerai le buraliste sous le reflet de l'abat-
jour.

A l'heure qu'il est, il fait la moue sous sa casquette de nankin d'un jaune passé. Cette casquette
bombée, à visière baissée, cache un front chauve et
un crâne oblong rarement découvert, même pour
saluer. — Il y a, pour remplacer la salutation,
cette inclinaison de la tête et du corps qui a ses
variétés, ses degrés comme toute ligne que décrit
un angle. Le signe de tête est le plus usité, c'est la
monnaie courante de la politesse, jamais la poignée
de main. Puis viennent les lignes courbes selon
la qualité, le poids, l'avoir du visiteur.

Pour ceux dont la nuque est dévastée et que nous
classerons dans la catégorie des Noirot, le bonnet
de velours coton, dit bonnet grec, avec ou sans
gland, est la coiffure obligée. En cas de réception
qui exigerait le nu-tête, il est d'ordonnance
comme le shako du soldat. On ne le quitte pas,
même à l'église.

M. Noirot rumine un plan de secours mutuel.

Il est secrétaire du bureau de bienfaisance : c'est un philanthrope.

Il place son argent à lui à gros intérêts : ceci est son affaire. Mais il distribue scrupuleusement les fonds de secours, tient ses comptes en partie double, et sa gestion ne fut jamais suspectée. Est-ce une anomalie que cette vie du fonctionnaire intègre à côté de l'homme sordide, haineux même? — Non. Vous voyez tels préposés d'une droiture irréprochable dans l'exercice de leurs fonctions, et attaquant avec un malin plaisir les réputations et les intérêts privés. C'est chez eux un besoin insatiable de médire et une malveillance innée.

Le débit est des mieux tenus. Il n'y a pas une bribe de tabac sur le comptoir. Le résidu passe à la pesée. — Le chaland a son poids, ni plus ni moins. — Ici, le menu-filé, le gros-rôle, le scaferlati à 2 fr. 15 que l'on débite avec son enveloppe étiquetée comme le prescrit la Régie. Le tabac à priser dans un vase de porcelaine, uni, sans luxe. Le luxe là est l'ordre et la propreté. Les cigares en paquets, classés, casés à la vitrine; les balances nettes, polies, justes à un milligramme.

Voilà pour un côté de la boutique. Si j'y ajoute une petite bibliothèque de livres d'école,

des paroissiens et des catéchismes, j'aurai dépeint
le local cher aux Noirot. Dans un coin le bureau-
pupitre, les casiers pour les registres des Contributions indirectes, et enfin, — une faiblesse de ces
dames, — la cage au perroquet et son hôte criard.

Noirot a laissé les cornets. Il fume silencieu-
sement sa pipe, appuyé, debout, le long de la
muraille, l'œil en vedette, le nez baissé, — c'est
sa manière de regarder les passants. — Retiré
dans un coin de la chambre, il voit tout. Quand
il paraît soucieux, préoccupé, il a remarqué, in-
terprété vos démarches. Toujours il attendra que
vous lui parliez le premier. S'il se hasarde à for-
muler son opinion, c'est qu'il croit qu'elle est con-
forme à la vôtre. Pour peu que vous soyez enclin à
la médisance — et qui n'est un peu entaché de ce
péché véniel ? — la conversation entamée, il vous
dira d'un ton aigre-doux la chronique scandaleuse. A mesure qu'il avance sur ce terrain, il
s'observe moins. Le blâme, le venin découlent ;
sa lèvre tremble, ses dents se serrent. Je l'ai vu,
dans le paroxysme de la méchanceté, ôter ses lunettes : — il était hideux.

Arrive la pratique : ses yeux se retirent sous
ses lunettes comme la corne du limaçon dans sa

5***

carapace ; une fine écume borde sa bouche, il
sourit, ma foi ! N'ai-je pas raison de dire qu'il
grimace?

Il a ses pauvres auxquels il ne donne jamais.
La bienfaisance publique fait les frais de ses
charités.

Ces dames rentrent.

Mademoiselle Noirot. — Pauvre Jacquot !
Tu t'es bien ennuyé, n'est-ce pas ?

Et Madame. — As-tu soupé, Jacquot ?

De Noirot, qui s'en occupe ? L'animal au vert
plumage absorbe l'affection de la famille.

N'est-ce pas l'ordinaire partout où le rouge-
gorge, le linot ou quelque oiseau domestique
tient le haut bout de la conversation ? Ailleurs,
le king-charles a toutes les tendresses ; l'angora à
la robe soyeuse, toutes les gâteries.

Les gentillesses, les douceurs sont pour Jacquot.
Il roucoule, et sa tête bigarrée ondule. Aux caquets
flatteurs il répond niaisement des mots crus et
baroques. Ces dames rient aux éclats. Noirot,
faute de mieux, fait chorus.

Madame Noirot a la prétention de ne pas avoir
de cheveux gris ; elle lisse en bandeaux ses cheveux
châtains et fait une guerre d'extermination au fil

argenté qui se hasarde inconsidérément et dépare sa coiffure. Moleri a écrit quelque part une histoire qui roule sur un cheveu blanc. Cet indice de l'âge mûr, dit-il, arrête subitement une femme sur le point de commettre une faute de jeunesse. Ce n'est pas le cas, ici : les fautes sont commises. Jetons un voile sur le passé et prenons Madame Noirot telle que nous la voyons à son retour de la promenade, le teint, non pas animé, — la bile domine sur ces visages, — mais dans cette surexcitation que produit la marche, l'œil brillant, les joues moites.

Madame Noirot a été jolie avec un nez camard des sourcils rares et une bouche sans sourire. Certaines femmes ont ce privilège : si l'on détaille leurs traits, on s'étonne de la beauté qu'on leur prête.

Voyez-vous, je crois à la beauté du diable. Celle-là n'a pas de caractère défini. Ce n'est pas un type, c'est je ne sais quoi : tantôt la fraîcheur, tantôt un teint mat. — Elle a un trait dans l'œil, quel trait ? ou bien c'est une chevelure ondée, un menton à fossette, un léger duvet qui ombre la lèvre. La beauté du diable est sans rivale. Elle défie le profil correct, la ligne grecque. Elle

cache la noirceur ; elle est folâtre et bonne fille.
— Non, Madame Noirot n'a pas été régulièrement
jolie, mais elle a eu la beauté du diable, at-
trayante même en vieillissant, ce qui permet à la
femme de quarante ans de coqueter sur ses ruines.

Mademoiselle Arthémise Noirot ressemble à sa
mère. Elle a bien la moue stéréotypée du père ;
mais par les traits, la taille, c'est Madame Noirot.

Maigre et élancée, on voit qu'elle a grandi trop
vite. Son intelligence est aussi précoce que son
physique. Elle émet carrément son opinion. Que
dis-je ? son avis fait loi à la maison. Comme
on a admis ses migraines, ses palpitations et les
petits malaises imaginaires qui font que l'école
est délaissée, les études ont été négligées. Son
éducation est manquée. En revanche, elle fait de
la tapisserie et chiffonne pas mal.

Il est un genre de petites filles que l'on trouve
partout et pour lequel on a trop d'indulgence. Il
semble même, de parti pris, que ces demoiselles
soient charmantes et pleines de naturel : ce sont les
petites filles qui font les petites dames. Vous en-
trez dans un salon ; vous y rencontrez une petite
dame de dix à treize ans qui ne se contente pas de
vous faire de grandes révérences, beaucoup trop

cérémonieuses, mais qui aborde d'office la question de mode, sinon le procès pendant, ou la critique de la pièce en vogue.... Et le père et la mère applaudissent du regard, et laissent pérorer l'enfant avec un orgueil mal dissimulé.

Mlle Arthémise touche à ses quinze ans. Elle a pris, de la condescendance des siens, un caractère entier, un ton rêche et sec. Il est vrai qu'elle a la tonique par sa mère. Volontaire et égoïste, elle tient à dominer comme Jacquot. C'est le propre du perroquet et de l'ignorant qui l'imite.

Mlle Arthémise a quelques amies qui pianotent, — le mot dit l'effet. — Elle a manifesté le désir d'avoir un piano. Le père Noirot a acheté de rencontre un instrument à queue, que l'on a placé, non pas dans la pièce formant salon, sur le derrière, au rez-de-chaussée, mais en haut, au premier, dans la chambre à coucher. Les chalands et les passants entendent le clapotement que vous savez. Les plus osés, les flatteurs, — les méchants ont leurs courtisans, tant est banale et vénale la flatterie! — les plus osés hasardent un compliment.

— N'est-ce pas? dit la mère, ma fille a des dispositions. C'est dommage qu'elle n'ait pas commencé plus tôt....

Arthémise ne sera jamais musicienne. La dive Muse ne livre pas ses secrets aux cœurs égoïstes et froids. Elle a ses privilégiés, et se sent mal à l'aise dans un monde mesquin. Allons, Mademoiselle, ressassez vos bluettes : c'est là votre moindre défaut. Le talent, si imparfait qu'il soit, ne va pas à votre taille.

La nuit est venue, nuit étoilée. La brise, qui joue sous la feuillée, s'échappe de ses frais berceaux et vient s'ébattre au sein de la petite ville. Elle passe, caressant de son souffle parfumé les bonnes gens qui causent sur leurs portes. A peine effleure-t-elle le seuil désert des Noirot.

Si c'était un bureau de tabac comme un autre, il y aurait là voisins et commères. On y ferait des gorges chaudes et de bons gros rires. Mais non. La pratique entre et disparaît. Noirot n'a rien à craindre de la concurrence. Il n'y a, dans le village, qu'un pauvre petit débit de tabac, mal approvisionné, mal placé, son tributaire les jours d'affluence. Et M. le buraliste, par ses attributions diverses, son influence et sa *bienfaisance*, a une clientèle forcée.

Jacquotest bourré de fine pâtée faite avec mille soins. Ces dames ont soupé. Semblable repas échappe à l'analyse. Cela s'absorbe à la hâte, il y a un mot exact : *sur le pouce*. On mange sur le pouce. — Remarquez-vous qu'il est des indivi-dus qu'on ne voit jamais manger ? — Ce sont les vrais économes, car la table est le plus gros de la dépense. Les Noirot en sont là.

Une lampe éclaire le groupe des dames, der-rière le bureau. L'inséparable voisine est de *l'a-parté*. Elle tient une brochure. Elle lit, qui le croirait ? un livre de Balzac : *Les parents pauvres*, les menées de la Marneff et le cynisme du baron Hulot. — Quel exemple de morale pour Arthémise !

On écoute avidement. Madame tricote ; Made-moiselle fait de la guipure. Quant à Noirot, il a repris sa position perpendiculaire le long du mur. L'abat-jour qui recouvre la lampe du comptoir fait ombre sur son visage, et il savoure en famille la saine lecture.

Ainsi s'écoule la soirée au débit de tabac. Si le roman est interrompu, c'est pour insinuer une petite calomnie, ou faire jaser sur ses maîtres la bonne qui vient à l'emplette.

Dans ces intermèdes, on fait bon marché de la charité chrétienne, et cependant les dames Noirot sont dévotes !

Explique qui voudra ces contradictions, et pourquoi Noirot est anti-religieux, lui qui dispense les
dons des âmes pieuses. Moi, je dépeins sans m'ap-
pesantir sur les travers ou les vices de mes
modèles.

L'heure du coucher approche.

Noirot compte sa recette : c'est toute sa préoccu-
pation.

Arthémise reste longtemps agenouillée, et sa
mère dit une prière à voix basse.

Mon Dieu, s'ils ont prié, pardonnez aux méchants !

Honneur aux dames !

P. 181.

LES FEMMES D'EMPLOYÉS

Cherchez la femme !

Pour l'être mâle agissant et pensant, là est le mot de toute situation :

Cherchez la femme. Cherchez et vous trouverez.

L'Aspirant marié, on en voit, on en a vu. La femme, une petite lingère, mi-villageoise, mi-citadine, en bonnet de mousseline bien simple, proprette, follette et naïve. — Une maisonnette peinte en couleur crème avec bordure chocolat au ras du sol. — Le papa est tisseur au bourg d'O..... Le brave homme allume le feu dès l'aube, plante la marmite à la crémaillère et s'attèle au métier.

— *Bis-tan-cla-que-pan !* qui ne l'a entendu, le vieux Jacquart ?

C'est la vie du logis et un peu la lingerie. Quelques lopins de terre, une vache à la *pâture*. On est chez soi : pas de loyer à payer. La mère un peu endolorie se lève lentement et vaque aux soins du ménage.

Tout cela n'est pas grand : deux chambres blanchies à la chaux, dans le bas ; un grenier au-dessus ; une petite cour qui a sa fontaine d'une eau limpide et excellente comme on n'en a pas à la ville ; un appentis formant bûcher, la cage aux lapins, brique et pisé, — et l'écurie pour *Blanchette*, la grasse laitière.

L'Aspirant est au bureau du contrôle, ou en permanence aux turbines, faisant un intérim à la sucrerie du lieu. Et la petite femme ravaude, souriant au papa qui joue de la navette, aidant la maman jusqu'à midi, l'heure du dîner à quatre ; rougissant un peu quand l'Aspirant, rentré pour la soupe, jette un regard attendri sur son petit tablier qui s'avance et sa taille qui s'arrondit.

Douce ménagère, fraîche, rosée ! toute fière de son Commis en herbe !

Il faut la voir, le dimanche, faisant son apparition au *parquet*, à son bras.

— Je ne danse pas, Monsieur, dit-elle tout bas au cavalier qui s'approche en saluant d'une révérence.

— Ah ! je comprends, riposte l'éconduit d'un

ton futé... Puis il serre la main de l'Aspirant un peu infatué de son rôle, et va chercher danseuse ailleurs.

Les femmes d'employés! C'est oser beaucoup que d'entreprendre de les dépeindre. A peine à l'aspirante j'hésite.

La femme du Commis.

Nous avons eu une petite dot et nous faisons la dame. La fillette est venue. Déjà l'on ne pouponne plus. Jeanne est grandette. Elle va en classe. En classe! vous savez, ces bancs boiteux, très bas où s'assoient les petits êtres remuants, barbouillés, que nous aimons et qui marmottent leçons et prières. — La leçon c'est l'A B C; la prière, ça commence par un signe de croix en zigzag et ça finit par : Petit Jésus, je ne pêcherai plus !

Et Madame met de l'ordre dans son ménage, polit ses cuivres, fait la toilette de la cheminée : une jolie pendule dorée avec un berger tenant sur son doigt une colombe qui bat des ailes; deux chandeliers en ruolz brillants comme un miroir; une petite lampe à pétrole avec son abat-jour imagé; deux globes de verre: dans l'un, la couronne de fleurs d'oranger; dans l'autre, un Noël frileux, poudré de neige, grelottant sous son arbre en bois peint aux branches frisées, recroquevillées, d'un vert criard, et, sur le coin le plus en vue, la bouteille de *Liesse* où nagent des pendeloques dont chaque brin est un instrument de la Passion, relique bénie, chère aux Picards.

Puis l'alcôve aux rideaux perse et ces petits riens : bibelots, statuettes, portraits aimés, chères photographies, une eau-forte encadrée, une glace modeste, le buffet, ce luxe des humbles, tout cela sourit à l'œil, moins cependant que la ménagère. Voyez-la le bonnet dénoué, les cheveux emmêlés, capricieux, jouant aux frisettes sur son front, le caraco dessinant une taille souple, libre d'entrave, la jupe ondulante, la manche retroussée, elle va fredonnant, le teint animé, le sourire aux lèvres. — Ses dents sont si blanches! Elle a vingt ans. Oh ! le joli ménage !

Lui est un Commis sérieux. Il aime les livres, le théâtre. On va aux petites places, et l'on babille, en sortant du spectacle, les soirs de grande fête. Fillette dort chez la grand'maman : — c'est fête aussi pour la bonne femme !

Ah ! je le sais, tout n'est pas toujours rose chez les Commis. Quelques intérieurs sont désunis!

Alors la gêne s'installe au foyer éteint, puis la disgrâce. La femme déclassée disparaît un jour. Que devient-elle?

Oh! n'insultez jamais une femme qui tombe!

a dit le poète. J'ai revu un de ces couples que j'esquisse rapidement. L'homme est aux Incurables presque aveugle; la femme se meurt à l'hôpital.

* *

Ce coin d'histoire ne va-t-il pas jeter un froid sur la scène mouvementée où se succèdent nos personnages? Vite passons à madame..... dont le mari, Commis principal, a figuré dans ces croquis, méconnaissable sans doute, mais pittoresque d'allure, franc de ton, -- le type est sympathique.

Nous ne voulons qu'effleurer, dans ce chapitre spécial, les petits travers féminins.

Madame est coquette : ah! coquette jusqu'au bout des ongles! des cheveux à la taille, de la ceinture croisée en pointe, très bas, piquée d'un bouton de rose, à la bottine puce. Grande et belle femme, mise avec cette élégance qui consiste dans une toilette unie et sombre; d'une famille modeste,

issue de souche villageoise, elle est devenue dame
de bonne heure. Regardez-la dans l'épanouis-
sement de sa beauté. Elle frise la trentaine : sourire
contenu, œil gris, d'un gris vert, chaud regard
qui attire, séduit, attache, née pour aimer ; le
mari, pourchasseur sans merci de la contrebande
et, par contradiction, grand fumeur de tabac
belge, peu regardant, jamais chez lui.

Il y a un enfant dans la maison. Le père l'élève
à sa façon, sans effusion, sans brusquerie ; la mère
n'a pas l'intuition des tendresses intimes.

A l'extérieur Madame veut plaire. Charmante
diseuse, presque folâtre, elle recueille les homma-
ges avec une complaisance visible. Grande liseuse
de romans, elle prend son air riant à l'arrivée
d'un visiteur, un homme surtout. Les femmes,
elle les déteste. — Il est vrai que celles-ci le lui
rendent bien. En thèse générale, les femmes entre
elles se déchirent à belles dents, les mains tendues,
serrées, des baisers aux lèvres, avec des mots de
« chatte » et d' « ange ». L'homme est plus hardi et
plus franc. Et puis il est si humble et si tendre
devant les séductions dont on l'entoure !

Que la critique l'ait prise à parti.... Je laisse à
la chronique son babil indiscret, et ne veux voir,

dans ce type de la femme du Commis principal, que le côté attrayant, la légèreté sans le péché.

Combien d'autres méritent sans restriction nos éloges !

La femme du Commis adjoint qui s'identifie à la tâche quotidienne de son mari, fait des appels, recherche les erreurs, décharge les acquits-à-caution au 49, pointe les états de produits ; celle qui, ne se rebutant devant aucune corvée, soigne le cheval, le panse, l'attelle même et trouve encore le temps de mettre ordre à tout dans son intérieur et de prodiguer ses tendresses à sa petite famille. Femmes résignées et patientes, qui relèvent le courage du pauvre employé trop exposé à d'injustes passe-droits, aux mécomptes, le consolent dans la gêne et le soutiennent par leur inaltérable sollicitude !

Le soir, quand le mari tarde à rentrer et que l'on peut redouter un accident, une lutte peut-être avec les fraudeurs, — c'est surtout dans le service à cheval que cette crainte se produit, — voyez-vous sur le seuil de sa porte, ses enfants autour d'elle, la femme du Commis principal ? Elle est nerveuse, inquiète ; elle ne songe pas à son dîner qui attend et refroidit ; elle sonde de

l'œil les plis de la route, elle interroge les moindres bruits, et quelle joie quand elle a reconnu
la frêle voiture découverte des employés !

En dehors de la famille, quels sont les plaisirs
de cette femme qui vit, comme les siens, d'une
vie frugale et dure ? Tour à tour couturière,
blanchisseuse, ravaudeuse, cuisinière, Michel
Morin féminin, elle va quatre ou cinq fois l'an à
des fêtes voisines où le mari donne le coup de
rouanne dans les débits. Ce jour-là, elle est presque pimpante et se mêle à la foule.

Ce n'est par les chemins que joyeuses toilettes
Et bonnets aussi blancs que les *marguerillettes,*
Et grands éclats de voix et rires aussi frais
Que le chant des bouvreuils et des chardonnerets.

On se promène curieusement dans la fête ; on
achète des bonbons pour les enfants et l'on dîne
sous la tente ou sur l'herbe. Puis l'on revient
avec une provision de gaîté pour longtemps,
ayant oublié, pendant quelques heures, 74 et 53,
ces registres inséparables des Commis.

Que de qualités ignorées et de vertus modestes
dans cette classe, la plus intéressante peut-être, de
la société administrative !

Et la receveuse ?

Madame la receveuse. Celle-là garde son quant-
à-soi. Je prends un type à part, heureusement
rare, dans le service actif. — Elle est jolie, chiffon-
née plutôt, la beauté de comptoir, et prétentieuse
Fille d'un petit marchand qui s'enrichit dans un
coin de faubourg, à la ville, elle jalouse la femme
du Commis adjoint : « cette campagnarde endi-
manchée, toujours sous les armes, dit-elle, la belle
blonde à la rose ! »

Avec quel ton piqué, quelle moue mauvaise, elle
habille ainsi sa collègue ! Eh ! pourquoi ne pas
féminiser le pronom ? — On est collègue en Régie,
homme et femme ; et c'est pourquoi l'on ne s'en-
tend guère, le rapprochement étant obligatoire.

La receveuse indique les tournées à faire. Disons qu'elle met l'ordre. Madame dicte, Monsieur
écrit.

On s'attarde. Le Commis principal n'est pas à
l'heure.

— « C'est encore cette mijaurée qui le retient.
Si tu faisais un rapport, Alfred ? »

Que de taquineries, de petites brouilles et de
mots aigres entre collègues des deux sexes ! C'est le
sexe faible qui fait la force dans ces ménages de
fonctionnaires et prime le droit dans les querelles.

6*

Mais nous n'indiquons là qu'une exception. En général, la femme du Receveur, comme celle de son adjoint, est prévenante, attentionnée et évite les sujets de discorde. Elle n'est pas exempte d'une pointe d'ambition, qu'elle entretient chez son mari, pour peu qu'il s'en écarte.

Si elle a été, pendant huit ans, la femme d'un Commis principal, elle a acquis l'expérience de la vie administrative. Elle est devenue calme et prudente. Le mari trouve-t-il qu'il n'a pas son compte dans sa caisse, c'est elle qui garde son sang-froid. « Femme, il me manque cent francs. — Nous allons les retrouver, mon ami. » Et tandis que le mari, passant par les émotions les plus vives, rougit et pâlit tour à tour, elle s'est mise à la besogne et découvre l'erreur. — Simple erreur d'addition. Souvent elle est elle-même caissière, et les fonds du Trésor ne sont jamais mieux gardés.

Nous touchons aux hauts grades. On fréquente *la dame* du Contrôleur.

— « Eh ! je ne serais pas plus mal qu'elle ! »

— Je n'en disconviens pas, Madame. Faites des rêves d'avancement et flattez votre mari. Aidez- le, la faveur est si grande, et l'on a tant de déceptions !

Que d'obstacles la femme n'a-t-elle pas surmontés !

La femme ! toujours la femme ! la douceur et le
fiel, la laideur et le charme, l'amour, l'envie, la
joie, la haine et tous les ravissements et toutes les
peines du cœur !

* *
*

Mais voilà que je m'égare en exclamations.

Au fait ! au fait ! me dira-t-on ; revenons à
notre sujet.

La contrôleuse.

Là, je m'arrêterais complaisamment ; mais cette
succession trop prolongée de portraits sera-t-elle
du goût du lecteur ?

Nous sommes à l'échelon supérieur, un des échelons, — il en est d'autres à gravir. — Il semble, à
cette hauteur, que les jalousies s'effacent et que l'on
devient meilleur.

La femme arrivée ! C'est toujours l'homme que
l'on envisage, le parvenu du travail ou de l'intri-
gue ; mais la femme qui s'est haussée à son
niveau !

Madame la contrôleuse a son petit salon, son

meuble velours grenat et l'armoire à glace où l'on
se voit en pied ; la carpette en tapis feutre s'étale
sous le guéridon acajou où reposent, époussetés
et coquets, sous leurs couvertures maroquinées
des livres à tranches dorées : *Le pays des mil-
liards*, les *Voyages extraordinaires* de Jules
Verne, un atlas *Migeon* historique et scientifique à
l'usage de la jeunesse studieuse.

Le fils est externe au Lycée. On reçoit. On a son
jour, et l'on fréquente, entre autres recrues d'un
monde nouveau, la femme du Receveur principal et
sa fille. J'ai dépeint celles-ci au chapitre du comptable supérieur. La contrôleuse s'intéresse aux
femmes des Commis, celles qui se *tiennent bien*.
Elle est aimable pour les enfants ; elle obtient des
permissions pour les maris. On en a vu aborder
bravement l'autorité supérieure et solliciter, à
l'Administration centrale, la bienveillance des
grands chefs, non sans succès. Dans son entourage,
elle commence à devenir providence, ce rôle
charmant qui lui sied si bien.

Et l'inspectrice ! la directrice ! Que dirai-je de
ces dames, moins en vue à mesure qu'elles s'élèvent et se mêlent à une société qui n'est plus celle
de la Régie ? Elles ont pris de l'embonpoint et

de belles manières : quelques-unes, de la morgue ;
la plupart, celles qui se rappellent les aspérités
des débuts et sympathisent aux misères du
métier, une aménité de bon goût qui les fait
distinguer et rechercher.

N'est pas qui veut femme *supérieure !* L'attente
souvent déçue d'une promotion méritée, la gêne
cachée, les privations de toutes sortes ont rendu
ces dames indulgentes et serviables.

Et les enfants ont grandi. Les demoiselles ma-
riées en ont fait des grands-mères à cheveux blancs,
bien câlines, pas grondeuses ; les fils font leurs
premiers pas dans la carrière de leur père, les heureux sont aux grandes écoles, pépinières de savants
et de braves, aux Forêts, à Nancy, à Saint-Cyr, à
Châlons, à Centrale ; les plus forts en *x*, à Poly-
technique. Tout le monde a sa place, et la vie
recommence, dans ces êtres aimés, pour les femmes d'employés.

A toutes, à chacune, de la plus humble à la plus
élevée par la naissance et par le grade : dignes
compagnes de ces serviteurs laborieux et dévoués,
soutiens du fisc,

Justice et hommage !

L'Amour, marchand de cœur !

P. 195.

LE RETRAITÉ

Vous pour qui la fortune est un amer mensonge,
Humbles qui me lisez, c'est à vous que je songe.

La retraite ! La fin, la fin modeste et obscure !...
Nous étions, chez les Simonnet, assis auprès de
l'âtre. A nos pieds ronflait un matou faisant gros
dos.

Deux tisons tendaient à s'éloigner d'un pot de
terre où mitonnait le bouillon saturé de légumes
cher à nos ménagères

La nuit était venue.

Simonnet, ancien Receveur des droits réunis,
première appellation, indirects aujourd'hui, —
toujours notre manie des changements de noms,
— Simonnet jouissait paisiblement de sa retraite.

C'était un vieillard, vert encore, revêtu d'une
longue houppelande, redingote passée, usée aux
coutures, dite à la propriétaire.

Son chef tremblotait sous un ample bonnet de laine tricotée en forme de béret. Quelques mèches blanches s'échappaient du couvre-chef et se rapprochaient, non sans un certain apprêt, sur le front du bonhomme.

Le nez accentué, légèrement violacé ; des yeux grands et noirs, surmontés d'épais sourcils grisonnants ; une bouche privée d'une partie de ses ornements ; une physionomie affable, un menton à deux étages, tel on eût pu voir le vieillard s'il n'avait régné, dans la pièce où nous nous trouvions, cette vague obscurité qui donne aux traits un caractère insaisissable.

Nous causions Administration.

De l'aristocratie privilégiée des bureaux nous nous reportions à la cheville ouvrière, au pauvre Commis allant à tous vents, au sein des campagnes, glanant l'impôt où la fraude a passé, essuyant les doutes du contribuable, ses réclamations oiseuses et taquines.

Mais voici Mlle Simonnet qui transporte sa petite lampe carcelle du bureau où elle vient de travailler à l'arrière-chambre où nous échangeons nos confidences.

Mlle Simonnet est Directrice des Postes. En ce

temps-là on disait Directrice ; Receveuse n'est pas mieux ; mais c'est un peu comme pour les sous-directeurs, MM. les Directeurs de Département fussent devenus méconnaissables, ont-ils prétendu.

Mlle Simonnet est l'esprit et l'âme de cet intérieur. On se suspend à ses lèvres, on épie ses regards. Heureux est-on de prévenir ses moindres désirs.

Le bon papa s'est fait maçon, tapissier, ébéniste dans la maison pour l'agrément de son enfant. La maman file, fait le gros ouvrage. On voit que l'impulsion du ménage n'est pas de son ressort. Elle prend le moins de place possible dans le coin où elle gêne le moins.

La retraite est la ressource inaliénable, mais le lot principal est la Direction des Postes. Tout compris, nous ne sommes pas riches ; « Il y en a qui sont plus à plaindre ! »

Mademoiselle la Directrice était le type de cette économie brillante qui donne aux choses les plus simples le relief de la montre. Le chambranle d'une cheminée, ne fût-il le support que de deux chandeliers de cuivre, d'une pelote et d'un flacon de Bully, prenait sous sa main je ne sais quel air de reposoir. On y joignait une branche de buis, un petit vase de réséda habillé de papier dentelé, un frais bouquet de violettes dans un verre à liqueur, un miroir encadré de bois blanc et deux portraits en miniature : le bon papa Simonnet, le béret sur l'oreille, fumant sa pipe culottée qu'il caresse du pouce et de l'index, et la maman, l'œil baissé, les traits amaigris, les lèvres empreintes d'une bonté béate, lisant son paroissien, et chacun de reposer un œil satisfait sur ce simple arrangement.

Mlle Simonnet touchait à la quarantaine. Elle était laide. La petite vérole l'avait cruellement maltraitée, et c'était pitié, car son front d'un blanc mat et d'une pureté irréprochable faisait supposer que, sans les ravages du mal, ses traits n'eussent pas manqué de régularité.

Sa taille était grande, bien prise, son pied fluet et maigre, emprisonné dans une mince bottine. Mais l'attrait le plus précieux, le plus choyé de la vieille fille, celui qui la consolait des traces indélébiles qui avaient flétri son visage, c'était sa main. Oh ! la jolie main ! Et voyez quelle gracieuse compensation : sa main, à toute heure, et plus qu'elle-même, était en évidence.

Lettres à charger, envois d'argent, poste restante, c'est la main qui apparaît au guichet. — La main qui court sur le papier rose, la main qui découpe les timbres-poste. Ces doigts mignons, aux ongles diaphanes, qui semblaient défier la tache d'encre, cette main blanche comme une fine nappe, arrondie, potelée, avait attiré souvent l'admiration du public.

Comment il se fit qu'en maintes occurrences le visage de la Directrice resta une énigme et que le public n'emporta du guichet que le souvenir d'une main et d'une chevelure charmantes, je ne sais. Explique qui voudra le feu d'un œil de verre, le ravissement où nous jette une taille que dessine un corset orthopédique. — Il y a des gens boiteux dont vous admirez la démarche aisée. — Vous ne vous doutez pas qu'ils boitent. Il en est que l'on ne peut voir que de profil. Pourquoi ? C'est qu'ils cachent une imperfection qui nous échappe par cet effet de silhouette.

Les Simonnet voyaient peu de monde : Monsieur le Maire, cultivateur, évitant les réceptions ; Monsieur le Curé, le Receveur des Domaines et les Employés des Contributions Indirectes.

Sauf quelques voisinées, on vivait chez soi.

Le chez-soi de la famille Simonnet était si confortable dans sa simplicité ! Jugez-en par la petite
cuisine qui sert de salon l'hiver : la batterie de
ménage s'étale avec tant d'ordre au-dessus de nos
têtes !

On s'est rapproché de la table ronde en bois de
noyer où Mlle Octavie Simonnet a disposé sa
lampe au pied bonzé.

Pour les hommes, le pot à tabac est là sur la
table et les pipes, les allumettes en papier vert,
jaune, papillotées ; pour Mademoiselle, le petit
panier à broderie et le peloton de coton de la
maman qui tricote pendant que le chat fait son
nid sur ses genoux; un numéro du *Journal pour
tous*, un roman en feuilletons découpés du *Siècle*.

Mlle Simonnet a la parole. On cause musique.
La musique des Simonnet date de loin.

Adolphe et Clara, la *Dame blanche*, pour l'opéra ;
le *Fil de la vierge*, pour la romance, sont le *nec
plus ultra* de la nouveauté.

Le vieil employé mêle parfois sa voix cassée
aux notes stridentes de sa fille, qui, dans ce cas,
décroche sa guitare, événement lyrique, précurseur
d'un entrain inusité.

Je me suis toujours rappelé une romance du

siècle dernier de *P. Porro.* Les deux chanteurs l'affectionnaient particulièrement et la disaient volontiers, pour peu qu'on les en priât.

P. Porro l'intitule : *Canzonnetta folia.* La ritournelle est faite *ad libitum,* pour violon ou flûte, *Violino o Flotto.* Accompagnement de guitare *Chitaro o Lara.*

C'est l'*Amour marchand de cœurs.*

> Voilà le petit marchand de cœurs,
> Messieurs, n'allez pas ailleurs...

Dans ces vers, il en est de tous pieds, même de neuf ; mais reportons-nous au temps....

> Cœur chaud, cœur froid, cœur vif, cœur lent,
> Etrennez le petit marchand,
> Il peut vous satisfaire.
> Il en a de toutes façons,
> De noirs, de méchants et de bons,
> Il aura votre affaire.
>
> Voilà le petit.... etc.

> J'en vends qui s'en vont droit au but ;
> J'en donne qui sont de rebut ;
> Il en est que je prête.
> J'en ai de neufs, j'en ai de vieux ;
> Je troque les capricieux,
> Venez en faire emplette.
>
> Voilà, etc...

Des cœurs volants, des cœurs parlants,
Des cœurs brûlants, des cœurs fondants,
Cœurs tendres, cœurs barbares.
En voulez-vous des scrupuleux ?
Il ne m'en reste plus que deux :
Ces derniers-là sont rares.

Voila le petit marchand de cœurs,
Messieurs, n'allez pas ailleurs !

C'étaient de bons rires, les soirs où l'on exécutait le duo de l'*Amour marchand de cœurs*.

Mlle Simonnet avait tant bien que mal accordé sa guitare, dont les cordes dépareillées étaient rebelles. Le papa soufflait la ritournelle dans sa flûte en buis. Quelquefois on ne s'en tenait pas là. Le bonhomme se lançait dans les réminiscences. Il fredonnait l'*aubade* de Gonderic :

La tendre bergère repose...

Mademoiselle entonnait fièrement la romance du *Beau Lautrec,* le triomphe de *Garaudé.* Sa voix était déchirante lorsqu'elle s'écriait au dernier couplet :

Puissent les vierges d'alentour,
Le front ceint du cyprès funèbre,
Arroser de larmes d'amour
Le cercueil du héros célèbre !

Hélas ! Mlle Octavie ne connaissait du senti-
ment qui fait battre le cœur des filles que le langage des troubadours tiré du répertoire musi-
cal de son père. — Elle avait soupiré, dit-on,
pour un beau Commis à cheval qui était resté
indifférent ou qui n'avait su apprécier ce cœur
dévoué, plein de tendresse, sous l'enveloppe d'une
laideur fatale.

Un jour, elle trouva, dans la boîte aux lettres,
un papier plié en cœur. Ce pli prétentieux portait son adresse.

Elle hésita. Elle le tint longtemps dans un coin
de sa gorgerette, n'osant le montrer à son père,
son vieil ami. — Sa dévote mère lui eût conseillé
de le brûler.

Deux jours, après elle se hasarda à l'ouvrir en
cachette.

Le pli rosé contenait ces deux lignes :

J'aimais ta main quand je vis ton visage,
Et j'ai compris pourquoi tu restes sage !

C'était trop cruel. La pauvre fille en pleura tout
bas et jura de livrer aux flammes toute lettre qui
lui serait adressée ayant quelque apparence de
galanterie. Elle tint parole.

J'ai passé de longues heures au sein de ce naïf ménage. J'ai mêlé ma voix aux vieilles balades dont la lente mélodie fait rêver ; et ce souvenir m'est toujours cher.

Le papa Simonnet, dans les moments de calme que lui laissent ses rhumatismes, s'en va clopin-clopant jeter le filet et tenter l'ablette sautillante. Madame s'efface de plus en plus.

Mlle Octavie Simonnet vient d'obtenir une classe sur place. C'est un modèle d'exactitude. Elle est dans les petits papiers de l'Inspection. — Et l'on dira que MM. les Inspecteurs ont des préférences pour la beauté !

Petit à petit on ajoute un meuble au salon, une fantaisie à l'étagère. — On augmente un peu son 4 1|2 qu'on affectionne, et la vertu brille au guichet.

*
* *

Paix à l'honnête famille et à l'humble retraité, qui vit heureux, sans reproche sans envie! Parfois Receveur buraliste pour grossir un peu sa modique pension et aussi pour rester, par habitude et par goût, le plus longtemps que faire se peut, le comptable fidèle des deniers du fisc, le petit re-traité s'attachera à son poste modeste.

Du petit au grand, aux Indirects, la retraite est re-lativement minime. A Paris, du boulevard Voltaire au Trocadéro ; des Batignolles à Mont-Souris ; et dans nos provinces, de la maisonnette riante avec son jardinet fleuri au coin obscur d'un garni dé-modé, combien de Simonnet! Gêne inavouée, dis-crète aisance : la pêche au grand soleil, la flânerie des boulevards, la fête à Saint-Cloud, le *Pardon* au pays des menhirs, la *Petite Presse* et les longues promenades solitaires égayées d'un roman, d'un oiseau qui pépite, de l'enfant qui babille ; jouis-sances du cœur, charmes des yeux, plaisirs sans frais, toujours nouveaux, le retraité se délecte, songe et se souvient. La vie s'écoule, le jour baisse ; vient la nuit, nuit éternelle, le repos...

Tout meurt. Heureux si la main, le sourire d'un enfant bien-aimé, d'un ami fidèle et la pensée pieuse qui ramène à Dieu, le consolent à l'heure suprême !

Et Simonnet, ignoré peut-être et tôt oublié, s'éteint dans la douce satisfaction du devoir rempli.

TYPES ADMINIST. 6**

TABLE DES MATIÈRES

POITIERS. — TYP. OUDIN

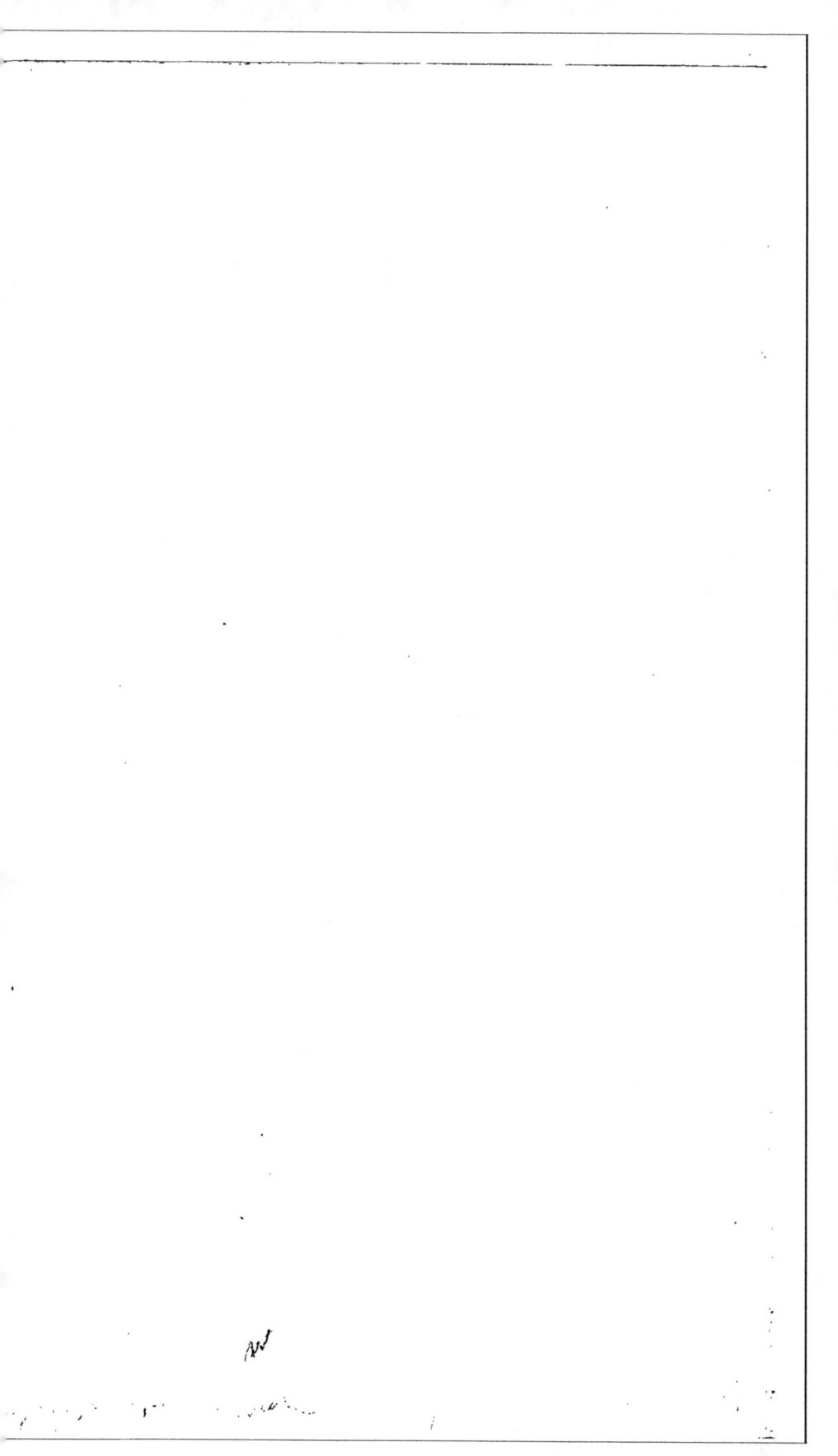

www.ingramcontent.com/pod-product-compliance
Lightning Source LLC
Chambersburg PA
CBHW070813270326
41927CB00010B/2396